クリスチャン生活ハンドブック

自分らしい葬儀

【準備ガイド】

いのちのことば社

はじめに　葬儀は人生の総仕上げ

超高齢社会を反映してか、「終活」という言葉をあちらこちらで見聞きするようになりました。自分の人生の最期の締めくくりを、他人まかせではなく納得のいくように準備したいと考える人が増えているようです。

「あの人らしい葬儀だったね」と言ってもらえることは、だれしも願うところです。しかし、それに加えて、クリスチャンにとっては特に、自らが受けた信仰の遺産を家族や親族、友人知己にどのように遺していくかという点で、いっそう大切な意味を持つのではないでしょうか。

作家の三浦綾子さんは晩年よく、「私にはまだ死ぬという仕事が残っています」と話していました。「あかし文学」とも言われる三浦さんの作品は、それ自体、彼女の信仰の足跡を遺したものと言えるでしょう。とはいえ、作家ならぬ身の私たちには、容易にまねできるわけではありません。それでも私たちなりに、生きたあかしを、神さまからいただいた恵みを、親しい人たちに手渡していくことはできるはずです。

葬儀はどんなかたちでするのか、会葬御礼には何をお渡しするのか、皆さんへの感謝の気持ちをどうやって伝えるのか……それらの端々に、自分らしさは自ずと表れることでしょう。そんな希望を家族に託していく「エンディングノート」を元気なうちに書いておく人も増えてきています。

あるいは家族の手で、故人を生かし故人が親しんでいた賛美歌や聖書の言葉を、エピソードとともに紹介することができたら、生前良い交わりをいただいた方々に福音の祝福を分かち合うことができます。それは、天に召された方への何よりのはなむけともなるかもしれません。

「彼は死にましたが、その信仰によって、今もなお語っています」（ヘブル人への手紙11・4）。この聖書の言葉を、自分らしくかたちにする工夫を考えてみませんか。

目次

葬儀篇

葬儀に役立つ情報

死への備え篇

看取り篇

人生の最期をどこで過ごしますか

一九九〇年代、『病院で死ぬということ』という本が話題を呼び、映画にもなりました。かつて自宅で臨終を迎えることが普通だった時代がありましたが、病院で亡くなる人の割合は過去五十年ほどの間に急増し、二〇〇〇年以降は約八割という高水準となっています。老人ホームなど施設で看取り介護まで行うところも増えつつありますが、施設の方針や契約内容をよく確認して入居時に意思表示をはっきりしておかないと、いざとなったら病院に搬送され、生活の場である老人ホームからは退去を求められる場合もあります。

晩年の健康状態がどうなるかわからない面もありますが、自分の人生の仕上げをどこで、どんな過ごし方をしたいのか考えて、家族と話し合っておく必要があるのではないでしょうか。想定しうるさまざまなケースに即して、現場の専門家や経験者の事例からヒントを得ることができます。

施設で介護を受けるということ

1　高齢者施設の種類と特色

近年、いろいろな種類の高齢者施設が増えてきましたが、ここではまず介護保険で「要介護者」と認定された人が利用できる入所施設を紹介しましょう。

①介護老人福祉施設――耳慣れない名称でしょうが、老人福祉法でいう特別養護老人ホーム（略して特養）と同じです。常に介護が必要で、在宅生活が困難になった要介護者の日常生活を支援する介護サービスが受けられます。比較的重度な要介護者が利用し、二〇一五年四月から原則的には「要介護3以上」の方が申し込めます。介護1および2の方でも特別な理由（重篤な認知症等）があれば受け付けてもらえることもありますので、施設に直接相談してみてください。

②介護老人保健施設――在宅への復帰を目指す要介護者にリハビリに重点をおいたサービスを提供し、回復を図る施設です。略して「老健」と呼ばれています。医学的な管理のもとで介護、看護、機能訓練などが受けられます。要介護1以上の方が利用できますが、利用期間はおおむね三か月で、それ以上になると退所を促されることが多いようです。

③介護療養型医療施設――急性期の治療が終わり、病状が安定期にあるものの、長期間の療養が必要な方が対象の病床施設で、医療、療養上の管理、看護などが受けられます。要介護1以上の方が利用できますが、滞在が長くなった場合、退所を促されても受け皿が少ないのが実情です。

④認知症対応型共同生活介護――いわゆるグループホームのことです。認知症の高齢者が少人数（1ユニット9名以下）で共同生活をしながら、家庭的な雰囲気の中で介護が受けられます。上の①～③と比べ利用料は幾分高めです。

その他、特定施設入所者生活介護の指定を受けた介護付き有料老人ホームやケアハウスでは、要介護の方は介護保険サービスを、要支援1・2の方でも介護予防サービスを受けることができます。

2　施設選びのポイント

パンフレットやインターネットなど見ただけではわからない点が多いので、直接見学なさることをお勧めします。その時のチェックポイントは、

①説明や案内をしてくれる職員の対応や態度が好ましいか。

②施設の清潔さ、匂い、明るさなどの生活環境が良好か。

③入所者が穏やかで、明るいか（入所者の表情は普段の介護の質を反映します）。

④介護職員や看護職員は、朗らかで優しいか（職員の優しさや朗らかさは直接入所者に影響します）。

⑤ボランティアが施設に入って協力しているか（外部に開かれた施設は風通しが良い施設です）。

⑥病気になった場合や入院した場合、死期が近づいた場合の対応について、施設の方針はどうか（ただし、この場合、介護施設に病院のような医療を求めることは的外れです。あくまで、どのような介護をどの時点までしてもらえるのか、を確かめてください）。

3　入所までのプロセス

①要介護者認定申請を市町村役場（介護保険課等）に出す。自分で役場に行けない方は、地域包括支援センターや居宅介護支援事業所のケアマネジャーが代理申請をしてくれますので、依頼してください。

②認定調査員が訪問に来て聞き取り調査をして調書を作成し、主治医の意見書と合わせ、介護認定審査会で判定された認定結果が、申請者に報告される（申請から認定まで一か月前後かかる）。

③認定結果（要支援1・2、要介護1～5）の度合いによって受けられるサービスの量や種類が決まりますので、ケアマネジャーに相談してみてください。

④施設にはできるだけ本人および家族が直接行って下見し、納得できたら直接、施設に入所申し込みをします（申込書には、介護度と有効期間が明示されている介護保険者証、健康診断書等の資料を添付します）。

⑤施設の審査会では単に要介護度の高さだけでなく、施設介護の必要度、緊急性、在宅介護の可能性・不可能性などが審議され、その結果通知が来ます（すぐに入所できるか、長く順番を待つかは、施設によって異なります。また待機している間に要介護度や容態や家庭介護者の状況が変化する場合があったら、その都度施設に連絡し、再審査してもらいましょう）。

どの施設も待機者が多いのですから、要は、粘り強く在宅介護の困難な実情を伝えていくことが大切です。そのような施設とのやり取りの間に互いの信頼関係が生まれてくる効果も望めます。また、その施設の看取り介護に対する姿勢なども知ることができるでしょう。

4　介護保険以外の入所施設

養護老人ホーム、軽費老人ホーム（ケアハウスを含む）、有料老人ホームで、看取りを前提として入所受け入れをしている所は、少ないようです。

5　施設介護の利点

自分から進んで介護施設に入る人は多くありません。御家族にとっても家での介護が難しくなったから入所させるわけで、内心忸怩《じくじ》たる思いがあるのは当然です。状況が許さなくなっての妥協的な処置にならざるを得ません。しかし介護する者もされる者も修復できないほど互いの関係が悪化したり共倒れになったりするよりは施設に入所するほうが遥かに良いのです。そればかりか、入所することによって驚くほど親子関係や夫婦関係が良くなったり、その両方の健康状態が良くなったりする場合も少なくありません。

（児島康夫）

コラム　施設介護 Aさんの場合

Aさんの息子と嫁は、Aさんの介護が原因で離婚寸前でした。お嫁さんは心身の過労から自分が壊れていくように感じ、夫に「私を取るかお義母さんを取るか」と迫りました。夫はやむなく母親を特養に入所させました。すると心の余裕を取り戻したお嫁さんは、足しげくAさんを見舞うようになり、かつてなかったほど関係が良好になりました。Aさんもお嫁さんも互いに情の厚い人でしたから、適度な距離が必要だったのでしょう。また嫁姑の関係に息子が真剣に向き合ったことで夫婦仲も改善し、結果的に施設での良い看取りをする準備にもなりました。

（児島康夫）

コラム　施設の助けで優しくなれた　Bさんの場合

Bさんの徘徊が始まったのは八十歳を過ぎてから。近所へ出かけて帰りの道がわからなくなり、遠くで保護されるようなことが何回かあり、警察の世話にもなりました。踏むとブザーが鳴るマットを玄関先に置いてみたり、高齢者見守り用のGPSを契約してみたりもしましたが、ちょっと目を離した隙にいなくなってしまうので、そのたびに大騒ぎです。

認知症のためとわかっていても、何度も同じことが繰り返されるうちに、妻のイライラは募ってきます。つい声を荒げると、Bさんもそれに反応してか怒りっぽくなります。ささいなことで夫婦げんかになっては、妻があとで落ち込むようなことも再三ありました。

このままでは、夫婦共倒れになりかねない。そう思った妻は、かねてから定評を耳にしていたキリスト教の特別養護老人ホームに相談してみました。百数十人待ちと聞いて半ばあきらめていたのですが、入居は申し込み順ではなく、必要が差し迫っている人が優先と説明を受け、登録を申し込んだところ三か月ほどで入ることができました。

一週間後、施設にBさんを訪ねた妻や娘たちは、その変わりぶりに驚きました。表情がやわらぎ、家族との会話もなごやかでかみ合います。一時間ほどの面会時間中にも、通りかかる職員のだれもがBさんの名前を呼んで話しかけてくれます。ヘルパーのひとりは、元銀行員だったBさんが、前日はネクタイを自分で締め「出勤」したことを楽しそうに話してくれました。

そんな人格を尊重する温かい環境の中で、やがてBさんは、その施設の特別室で家族や職員たちに見守られながら地上の生涯を閉じました。施設のおかげで幸せな最期を迎えさせてあげることができたと、家族は満足しています。

在宅で介護を受けるということ

1　家族が燃え尽きないために

・**家族の理解**――病気や障碍で衰えた高齢者を在宅で介護することは、容易なことではありません。長くなれば介護者は心身ともに疲れ果てますので、家族同士や周囲の温かい理解が大切です。相手の人格を否定しないこと、尊厳を守ることは、愛の具体的な表現です。

・**介護を分担する**――介護をシェアし、多少の犠牲をシェアし合うことによって、新たな家族の絆が生まれてきます。

・**近隣への協力依頼**――普段の近所関係より少し深い協力依頼をします。悩みを共有したり、励ましの声掛けを交わしたりすると、新たな親しい近隣関係が生まれます。

・**感謝をし合う**――周囲の助けなど必要としないと考えてきた我々の思い上がりや、希薄になっている地域との絆、家族の連帯を回復させるために、お年寄りが回復のチャンスを与えてくれているのかもしれません。もしかしたら力が衰えてきたお年寄りが与えてくれる最後のプレゼントかもしれないと、積極的にとらえたらいかがでしょうか。

・**公的サービス利用**――要介護認定で要支援や要介護になった場合、公的サービスの利用ができます。家族だけで全部介護の負担をしようとは考えずに、今は公的支援の制度もあるのですから、上手に利用することが家族が燃え尽きない賢明な方法です。

2　認知症の方への関わり方

認知症の症状もさまざまですが、ご家族にとっては初期から中期の症状への対応が最も難しいでしょう。見た目はさほど変わらないのに、つじつまが合わないことを言う、理解できない行動をする、突然怒り出す、昼夜が逆転する、落ち着きがなくなる、外出して戻れない、明らかに嘘とわかる言い訳をする、失敗を他人のせいにする、無気力になる等々、周りにいる人をイライラさせる言動です。これらは本人の記憶がストンと欠け落ちていたり、本人でさえ理解できず不安を感じているのですから、むやみに叱ったりすればかえって逆効果になります。

本人はますます混乱し、不穏になったり自信喪失に陥ったりするでしょう。

家族にとっては悲しいことではありますが、脳の衰えと割り切り、かつ人格を否定することを慎み、心に余裕とユーモアとをもって、家族中で互いに励まし合うことが大切です。例えば、非現実的なことを言われても、それは本人にとっては本当のことと考えていますので、むげに否定せず、劇に参加したつもりで相手に合わせて演技すると楽しく劇は進行します。そこで言ったことはその場限りで忘れますので、あとで責任を追及されることはありません。

3 受けられる公的支援

さまざまな種類のサービス

まず、近くの地域包括支援センターや居宅介護支援事業所の介護支援専門員（ケアマネジャー）に相談してみてください（担当者が熱心に相談に乗ってくれない場合は、最近は市町村ごとにかなり多くの事業所がありますので、ケアマネジャーを換えることも可能です）。利用者の必要に合わせて介護計画（ケアプラン）を作成し、それに合ったサービス事業所を紹介してくれますので、介護保険の利用限度額

コラム 在宅介護 Cさんの場合

Cさんは身寄りがなく独り暮らしをしていました。ときどきお鍋を焦がすことがあり、近所の人が心配してケアマネジャーに来てもらいました。ホームヘルパーが入り、料理を手伝ってくれるようになったので近所の人も安心しました。

やがて体力の衰えに応じ、掃除や洗濯もお願いしましたが、しばしば独り暮らしの寂しさも訴えるので、ケアマネジャーはデイサービスに行ってみたらどうですかと勧めました。行くと同じような境遇の友達ができ、生活にも変化と張り合いが出てきました。

しかし数年経つと歳には勝てず、徐々に寝たきりの時間が多くなってきました。ケアマネジャーは特養を紹介し、入所の手続きまで代行してくれました。今では車椅子での生活になりましたが、特養で穏やかに暮らしています。その時その時の状態に応じたサービスが利用できたのも、良いケアマネジャーとの出会いがあったからだと感謝しています。やがてはその施設でターミナルケアを受けることも願っています。

（児島康夫）

の範囲（ただし一割負担。所得が高い場合は二割負担）で納得のゆくサービスを利用するのがよいでしょう。

種類はたくさんあります。利用するご本人だけでなく、ご家族の事情でサービスを選択する視点も重要です。例えば家族が日中働きに出て、見守りができない場合、通所介護（デイサービス）を利用するのも有効ですし、数日間遠出する場合には、短期入所生活介護（ショートステイ）も有効です。家族が介護疲れでリフレッシュしたい時にも利用すると効果的です。その他、在宅サービスには通所リハビリ、訪問介護（ホームヘルプ）、訪問入浴介護、訪問看護、訪問リハビリテーション、通所リハビリテーション（デイケア）、短期入所療養介護等があります。近年、地域密着型の小規模多機能型居宅介護といって、一か所で訪問サービス、通所サービス、宿泊サービスといった複合的な介護サービスを行っている事業所もありますので、便利です。これらのサービスを用途に応じて利用することによって、ご本人の世界も広がり、気分転換を図ることもできるでしょう。

その他、介護保険を使って介護用ベッド、車イス、ポータブルトイレ、体位変換器、移動用リフトなど福祉用具をレンタルできますので、利用して在宅介護の軽減を図るのも大切です。

（児島康夫）

看取り介護の可能性

戦後間もないころは、自宅で亡くなる人が八割ほどだったそうです。しかし今は、逆に約八割の人が病院で最期を迎えるそうです。これは他国と比べて日本の特異な現象です。最期は自宅で過ごしたいという希望を持っている人が大多数なのですから、この理想と現実のギャップの大きさも日本独特の形です。これには日本の家族の形態、家族介護力の低下、家屋の実情、末期医療への過剰な期待、老衰死の理解不足や誤解、死そのものに対する考え方（死をタブー視する傾向）等々、いろいろな原因があるのでしょう。

1　看取り介護する施設、しない施設

看取りに関する社会の考え方の変化や、施設で働く人の取り組み姿勢の変化および介護保険制度の後押し等々で、ここ十年ほどで看取り介護を積極的に行う施設は徐々に増えてはきました。しかしまだまだ不十分で、大半の施設は最期まで看取りを行うまでには至っていないのが実情です。その理由は、施設の介護体制が不十分なことが一つ。介護報酬が抑えられていて職員数に余裕がなく、通常の介護でさえ手いっぱいです。また医療との連携が不十分なことも理由の一つです。常勤の医師が配置されている施設など極めてまれです。夜間、危篤になったり、死亡したりしても、すぐに医師が来てくれる施設は多くはありません。死亡診断が翌朝以後になるとすれば、家族にとってもあまりよい感じはしないでしょう。

しかし、もっと大きな理由は別にあります。それも二つ。一つ目は、介護施設はあくまで介護をする場所であり医療施設ではないという当たり前のことを、施設側も入所者および家族側も明確に認識していないということです。互いに認識し、納得した上で看取りに専念できたら、もっと看取り介護を行う施設が増えるのではないかと思います。二つ目は、介護・看護・医療の体制が多少不十分であっても、介護施設として最後の最後まで入所者の尊厳を大事にし、介護させていただきましょう、という施設の信念や職員の使命感の有無です。それがあれば、不十分な条件を克服していくことは可能です。容易ではなくても職員や医師の理解や協力を得ることも不可能ではないし、入所者や家族の納得や協力を得ることも不可能ではなく、むしろ歓迎されるでしょう。

事実、看取り介護を積極的に行う施設にさまざまのより良い結果が現れています。日本社会に多死の時代はすでにやってきているのですから、施設で看取り介護を行う必要度は極めて高くなっているはずです。とはいえ、施設で看取り介護を行う条件が厳しい現実は依然あるのですから、社会は看取り介護をしない施設を批判するより、このことに関する国民的議論が起こり、看取りは施設でという社会的コンセンサスを作って条件を整え、応援していく方向を展開していくのが望ましいと思います。

2　看取り介護の実践例

特養をはじめとする施設介護は一昔前と較べ、格段にレベルアップしています。国の資格として認められている介護福祉士が施設に多人数配置されています。しかし看取り介護の専門職はいません。いなくていいのだと私は考えます。というのは、看取り方法や技術のハードル

は高くすべきではありません。私は常々、介護職員に「看取り介護は特別な方法ではない。普段の介護の延長線にある」と伝えてきました。「その人を大切にし、残り少ない日々をいとおしみ、衰えゆく生命に寄り添って安心を与え、普段と同様穏やかに過ごせるようにお年寄りに仕えて行けばよい。あとは自然に任せれば十分」と。

看護職員は医師と連携し、できるだけ苦痛のないように配慮し、生活相談員・介護支援専門員や施設長はご家族の思いを聞き、介護や看護に反映するように努力しました。ご本人の意識レベルが低下してきても、いつもと同じように声掛けは欠かさず、お好きな音楽を静かに流すようにします。牧師に枕頭の祈りを求める方にはすぐに叶えるようにしました。魂の平安を与えるスピリチュアルケアは看取り介護の中で最も大切な部分です。

医師の死亡確認後はご遺体処置を丁寧に行い、ご遺族のグリーフケア（悲嘆へのケア）に益するように言動にこころを配ります。介護に携わった職員同士、いたわりを交わし、召された方が自分たちに与えてくださった励ましの言葉や楽しかった出来事の思い出を語り合います。そして、自分たちに与えられた使命を果たせたことに感謝をささげます。これが私どもの施設でなされる看取り介護です。

（児島康夫）

コラム　延命治療を受けたくない場合

いわゆる生命維持装置によって機械的に心臓や呼吸器を動かし続ける延命治療ができる時代に、私たちは生かされています。かつて医師が医療行為のイニシアチブを握っていた時代には、患者本人や家族の意思に関わりなく、医師の判断で生命維持装置が付けられたこともありました。一度付けた生命維持装置を家族の希望で外した医師が殺人罪に問われるなど、以前は想定できなかった事態に法の整備が追いつかないなどの社会問題にもなりました。

最近はインフォームドコンセント（十分な情報を得た上での合意）の考え方が広まってきて、医療行為の内容や可能性、リスクなどについて事前に説明を受けることが増えてきました。それだけに、その治療に同意して受けるのか否か、患者・家族側が判断を求められることも多くなっています。

一口に「延命治療」と言っても、大がかりな装置により高額な費用もかかる高度先進医療から、口から食べ物の摂取が困難になったときに腹壁を切開して胃内に流動食や栄養・医薬を流し込む管を通す胃瘻や、血管に直接的に栄養を送り込む中心静脈栄養法など、さまざまなレベルのものがあります。漠然と「無理な延命は望まない」と希望していたとしても、症状次第では胃瘻を作るか否かの判断を迫られ、迷うことも少なくありません。

口から食べることが自然なのだから、胃瘻や中心静脈栄養によって無理に延命したくないと思う人もいます。しかし、嚥下が困難になっても、訓練によって嚥下の機能が回復することもあるので、一時的に胃瘻に依存しても経口摂取に戻り、再び食事を楽しめるようになった例もあります。医療技術が発達した超高齢社会では、老衰による「自然死」を望んでも、ある医療行為を受け入れるのか否か、家族が決めなければならないことも少なくありません（81－82ページ参照）。

ホスピス（緩和ケア）という選択

日本人の二人に一人ががんにかかり、三人に一人ががんで亡くなっています。自分や家族ががんになる可能性は、だれにでもあるということです。がんは、特に末期には激しい疼痛を伴うため、通常の診療科の治療では苦痛を除ききれないことが問題です。こうしたがんの特徴に対応するため、患者のＱＯＬ（クオリティー・オブ・ライフ＝生活の質）を保つケアに重点を置くホスピス（緩和ケア）が普及してきました。その背景にはキリスト教の全人的な人間観があります。

ホスピスでは積極的な「治療」をしないこともあり、従来の通念からは医療の敗北であるかのようにみなされてきた時代もありました。そのためもあってか、本当はホスピスケアが必要な容態なのに、本人や家族は死の宣告を避けたい心理から「まだその時期ではない」と考え、結局ホスピスに移行する機を逸してしまうこともあります。ホスピスの実際をよく理解して、賢い選択をすることが、より良い人生の締めくくりに繋がるでしょう。

施設型ホスピスの良いところ
個室で気兼ねなく家族の時間を

七十九歳の男性Cさんは、定年後に再就職した会社も退職したあと、妻との旅行や趣味の油絵を楽しんでいました。ところが歯茎に違和感を覚え、歯科を受診すると口腔がんが見つかりました。入院して放射線治療を受けたものの、やがて再発。自宅から一時間以上かかる大学病院へ通うのもつらくなってきました。

Cさんと同い年で足が弱っている妻は、病院への付き添いもままなりません。独立している二人の子どもたちは、それぞれ子育ての真っ最中。仕事でも責任ある立場をまかされる年代で、老父の通院や自宅療養のためにそうそう仕事を休むわけにもいきません。主治医からホスピスを考えるように言われ、クリスチャンの長男がホスピスを探しました。

ホスピスのある病院を訪ねると、ソーシャルワーカーが施設の理念やできること、費用の概算などを説明してくれます。キリスト教を背景にした医療機関で、チャプレン（病院付き牧師）がおり、体と心のケアに加えて死後の不安などスピリチュアルな面にも対応してくれる施設です。自宅に近いホスピスに空きがあり、スムースに入院することができました。

＊

ホスピスでは、いわゆる病気の治療はしません。しかし、末期がんの疼痛を緩和し、ＱＯＬ（クオリティー・オブ・ライフ＝生活の質）を保つために必要なケアをします。そのため、入院にあたっては、普通の疾病による場合よりも細かく、生活歴・職歴や人生観、趣味や興味などについて、本人と家族から聞き取りをします。看護師をはじめスタッフは、そうした患者一人ひとりの人格を尊重した対応を心がけてくれるのです。

病室は少し広めの個室で、家族が無料で泊まることもできます。妻や子どもたちが交代で泊まりました。できるだけ家庭に近い環境に近づけるのがホスピスの考え方なので、絵や置物など、好きな物を持ち込むことも可能です。Cさんは、退職後に妻と海外旅行をした時に描いた思い出の油絵を壁にかけました。すると、部屋を訪れる病院スタッフも、しばし絵を見て話が弾みます。年取った弟妹たちや従兄弟も入れ替わり立ち替わり見舞いに来て、個室なのでだれに気兼ねすることもなく、別れの時を過ごしていきました。至れり尽くせりの環境ですが、ホスピスには保険が適用されるので、通常の病院の個室差額ベッドほど高くはありません。

＊

息子が通う教会の牧師も訪問し、全能者の手に一切をゆだねるよう導いて、祈りを一緒にしてくれました。やがて春になり、見事に咲いた桜の花を看護師が一枝切り、花瓶にさして見せに来てくれました。その美しさに目を細めた翌日、妻が付き添った夜にCさんは静かに息を引き取りました。

翌年の復活節には、一年間にホスピスで召された人たちの家族が招かれ、チャペルで召天者記念礼拝が行われました。病気を対象にするのではなく、患者や家族の人格が大切にされていると感じて、Cさんの家族は感謝しています。

〈施設型ホスピスのポイント〉

1　病気の治療ではなく病人の全人ケア。
2　できるだけ家庭に近い雰囲気づくり。
3　個室で家族の宿泊も可能。

ホスピス内のラウンジの例。多くのホスピスが、できるだけ家庭的な雰囲気にと工夫している。
（写真＝救世軍ブース記念病院ホームページより）

在宅ホスピスの良いところ

子どもたちもケアチームの一員に

Dさん（男性）が、末期の胃がんと診断されたのは、働き盛りだった四十歳のときのこと。胃の切除手術を受け、抗がん剤治療を続けましたが、数か月後には肝臓に転移。がん細胞はすでに肝臓全体に広がっており、打つ手がないと言われてしまいました。Dさん夫婦は一縷の望みを民間療法のサプリメントに託しましたが、日ごとに痛みは増すばかり。やがて食事も、そのサプリメントも喉を通らなくなっていきました。当時、二人の子どもはまだ小学四年生と二年生。優しかったお父さんは、病気のため小さな物音にも敏感になり、動き回る子どもたちについ声を荒げてしまいます。

＊

妻は覚悟を決め、夫と相談してホスピスを探しました。自宅から遠くない範囲に、ホスピスのある病院と在宅ホスピスをしてくれる医院を見つけ、話を聞きに行きました。子どもは小さいし、近くに住む両親は高齢。妻は自分ひとりでは自宅で末期がんの夫を看取る自信はありません。当然のように、気持ちは施設型ホスピスに傾いていました。しかし、説明を聞くと、すぐに予約しても何十人も順番待ちがあり、必ず入れるとは限らないとのこと。待っている間に亡くなる場合もある、というリクスがあることもわかりました。

一方の在宅ホスピスの医師は、患者のカルテを見るなり、「この状態では、ご本人は相当がまんをしています。一刻も早く緩和ケアを始めたほうがいい」と、予定を変えて即日、往診してくれました。がん末期の疼痛を緩和する持続皮下注射をセットすると、その晩のうちに痛みは消え、久しぶりに熟睡。翌日には食欲も出て、家族と一緒に食事をとることができるほどでした。

それでも、老いた両親は在宅ケアに不安がぬぐえません。幼い子どもたちに日々弱っていく父親の姿を見せるのは残酷だ、という懸念です。それに対して、在宅ホスピスのチャプレン（病院付き牧師）は、こう話しました。「それは逆です。子どもはお父さんが毎日少しずつ弱っていくことは受け入れられるけれど、入院先に週末だけお見舞いに行って、一週間前とは打って変わってやせ衰え

たお父さんを見るとショックを受けます。幼い子どもにはなおさら、在宅ホスピスの利点は高いのです。在宅ケアをするのは奥さんだけでなく、医師、看護師、牧師が連携します。そして、子どももケアチームの一員になるのです」

＊

その話は本当でした。子どもたちは毎朝「行ってきます」とお父さんに挨拶をして登校し、「ただいまあ」と帰ってくると、学校であったことを話します。痛みのため怒りっぽくなっていたお父さんが、元の優しいお父さんに戻ったと大喜び。特に四年生の長女は、「私は次に何をすればいいの」と、すっかりケアチームの一員です。

訪問看護ステーションから派遣されてくる看護師は、医療的な処置だけでなく、末期患者が食べやすい食材は何か、口の渇きを和らげるにはどうしたらよいか、高熱が出たらどこをどのように冷やすのか、など生活の質を維持するために細かい助言をしてくれます。

患者の容態が刻一刻と死に向かって進む中でも、医師はその時々に最善の処置を続けました。毎日、看護師が朝に夕に来てサポートするほか、不安があれば電話一本で医師も駆けつけてくれます。「病院の廊下が少し長くなってご自宅まで続いていると思ってください」と言い、

コラム　こどもホスピス

二〇一二年十一月一日に、アジアで最初となる小児緩和ケア病棟、いわゆる「こどもホスピス」が大阪に開設されました。このこどもホスピスでは、小児の難病に対して「エンド・オブ・ライフケア」のみならず、在宅ケアを実施中の難病の子を短期でお預かりするレスパイトケア（家族や介護者に休息を与えるケア）も実施しています。

こどもホスピスの２階にある「学校」

設計の段階から、病院にいながらにして家庭と同じ、いやそれ以上の安らぎと癒しを感じることのできる、ある意味で病院らしくない病院を目指し、理念を「こどもの望む場所で家族、仲間と楽しく過ごすことを支える病院」としました。

こどもホスピス病棟（以下、ひだまり病棟）のお部屋はすべて個室で、ホテルのように家族みんなでお泊まりできる広さがあります。壁紙は、ディズニーのキャラクターで子ども部屋のつくりになっています。少しでも過ごしやすいように希望を伺いながらラグ（敷物）を準備したりして、お子さんがお家のように過ごせる部屋づくりをしています。お母さんがお子さんといっしょに添い寝を希望する場合は、大きめのベッドを準備しています。

時には、看護師は白衣ではなく、着ぐるみを着てお子さんを迎えることもあります。病院というつらいイメージではなく、楽しい場所に来たという第一印象をお子さんに感じてほしいからです。

二十四時間体制です。残されたできることに目をとめ、そのことを家族や患者とともに喜ぶクリスチャン医師の姿勢が、家族の励みになりました。

　がんの発症から途絶えていた笑い声が、家族に戻ってきました。それから一か月。子どもたちにかけがえのない時間と思い出を遺して、Cさんは祈りと賛美歌に送られ、医師、牧師、看護師、家族みんなに看取られて、住み慣れたリビングルームから天に旅立ちました。大好きな父親のために自分ができる限りのケアに参加した子どもたちは、その後ＰＴＳＤの症状が出ることもなく、明るく元気に育っています。

〈在宅ホスピスのポイント〉

1　家族みんながケアチーム。
2　子どもは日ごとの変化には適応できる。
3　痛みの緩和で家族の良い時間を取り戻せる。

病棟内には「おそと」、「おうち」、「がっこう」の共有コーナーがあります。「おそと」のコーナーには赤い子ども用の自動車があります。「これ、乗っていいの？」入院するお子さんときょうだいが取り合いになるほどの人気です。「おそと」の壁はすべて落書きボードになっています。「えっ、書いてもいいの？」子どもたちは初めびっくりしますが、壁一面のボードに向き合い、楽しそうに好きな色を選びながら描いてゆきます。

　ひだまり病棟には、お子さんが精いっぱい生き抜いた時間があります。その日々を、私たち職員は大切にしてゆきます。（鍋谷まこと・藤井美和・柏木道子編『輝くこどものいのち』より抜粋・要約）

●淀川キリスト教病院ホスピス・こどもホスピス病院

〒533-0033 大阪市東淀川区東中島６丁目９－３
TEL06－6990－5111
Mail: kodomo@ych.or.jp
http://www.ych.or.jp

こどもホスピスでの日常をまとめた『輝くこどものいのち』鍋谷まこと・藤井美和・柏木道子編

コラム　脳死か心臓死か――臓器移植の是非

脳死をめぐる論議は、高度医療による延命や移植医療の発達により、心臓死が当然「人の死」だった時代にはなかった問題として浮上しました。事故や脳卒中などで、生きるのに不可欠な呼吸や循環機能を司る脳幹が機能しなくなると、回復する可能性はないとされます。しかし、人工呼吸器や薬剤により、しばらくは心臓を動かし続けることができます。脳幹を含む脳全体の機能が不可逆的に回復不能と認められる脳死を「人の死」と定義すれば、臓器移植が可能となります。しかし、同様に意識がない「植物状態」では、脳幹の機能が残っていて自立呼吸ができる場合、回復の可能性もあります。何をもって「脳死」と判断するかの判定基準は、国によって異なります。

脳死の是非に関する議論は、臓器移植の倫理性と結びついています。脳死も移植も聖書の時代には想定されていませんので、聖書には直接的な答えがなく、神学的には複数の見解があり得ます。一般に欧米のクリスチャンは、臓器移植を隣人愛の行為と見て肯定的にとらえる意見が主流です。それに対して日本では、臓器を機械の部品のように交換することへの違和感や、遺体の尊厳を重んじる感覚が根強いことなどから、クリスチャンでも賛否は二分します。

他人の死を期待することになる臓器移植を不健全とみなす意見、角膜の移植など脳死以前に広く実施されてきた医療行為の延長線上に臓器移植もあるという考え方、他者の好意によっていただいた命をもって世のため人のために貢献することを肯定的にとらえる見方など、さまざまの視点があります。また、移植と切り離して、脳死を人の死と認めずに延命行為を続けることを生命の主への冒瀆と考えるクリスチャンの救命救急医療従事者もいます。簡単に正解は出せませんが、自分ならどうするか、よく考えておきたい問題です。

葬儀篇

葬儀のあり方と意味

葬儀（告別式）は、人の一生を締めくくる通過儀礼です。地方ごとの慣習や時代の慣例によって変化し、スタイルもいろいろありますが、クリスチャンにとっては、地上での信仰生涯において最後の一ページとなる礼拝の場でもあります。

死や葬りについて、聖書はどう教えているのでしょうか。また、日本という異教社会にあって、キリスト者らしい葬儀への心得とはどのようなものなのでしょうか。

聖書は死をどう見ているのか

1．土のちりにいのちを

「主は、私たちの成り立ちを知り、私たちがちりにすぎないことを心に留めておられる。人の日は、草のよう。野の花のように咲く。風がそこを過ぎると、それは、もはやない。その場所すら、それを、知らない。しかし、主の恵みは、とこしえから、とこしえまで、主を恐れる者の上にある。」（詩篇103篇14～17節a）

人は土のちりで造られ、神のいのちの息を吹き入れられて、神との交わりに生きる魂とされました。しかし、人は神のようになろうとして、神なしに生きようとして、いのちを失いました。人の人生は辛苦に満ちたものとなり、死んで土に帰されるのです。

「あなたは人をちりに帰らせて言われます。『人の子らよ。帰れ。』……まことに、私たちのすべての日はあなたの激しい怒りの中に沈み行き、私たちは自分の齢をひと息のように終わらせます。」（詩篇90篇3、9節）

人が死ぬという動かしがたい事実を前にして、神から受けたいのちを失った人の罪に注目すべきです。そして、いのちを与え、いのちを取られる神の主権を恐れるべきです。

神はしかし、そのような私たちに心を留めておられ、人を罪と死から取り戻そうとされました。キリストが人として死なれたことは、罪の結果としての死を私たちに成り代わって引き受けられたということです。神の子がいのちを投げ出されたことによって、死は滅ぼされました。キリストが死からよみがえられたことによって、私たちに新しいいのちが与えられるのです。

「こういうわけで、ちょうどひとりの違反によってすべての人が罪に定められたのと同様に、ひとりの義の行為によってすべての人が義と認められ、いのちを与えられるのです。」（ローマ5章18節）

キリストを信じ仰ぐことによって、私たちは神とのいのちの交わりに戻されるのです。地上においては死を経験しなければなりませんが、死を超えるいのちをいただいた希望は絶えることがありません。

2. 人生無常の詠嘆

死について、「汝自身の死を知れ」と西洋の古代哲学は語ります。人は必ず死ぬという事実から目を背けて生きるなかれ、との啓蒙でしょう。死に向かい合うことは哲学の基本かもしれません。

東洋の哲学的な宗教である仏教は、生老病死に代表される人間の苦しみに向かい合おうとしました。「諸行《しょぎょう》無常《むじょう》、諸法《しょほう》無我《むが》、一切皆苦《いっさいかいく》、涅槃寂静《ねはんじゃくじょう》」が四法印（基本四原則）とされています。目の前にある現象世界も、この私という存在もすべては無常であり、確かなものはどこにもない。苦しみに満ちたこの現実を見極める知恵を得ることによって、静寂で平安な境地に至るのだと教えています。人間を苦しみから解放するのは、無常な現実を見極める知恵だとしたところが、とても哲学的です。

仏教はインドから中国を経て日本に伝わって千五百年になります。日本においては現象世界の相対性を認識する哲学というよりも、人生無常の哀歌として定着し、様々な文学に表現されてきました。例えば『平家物語』冒頭の句です。

「祇園精舎の鐘の声　諸行無常の響きあり
沙羅双樹の花の色　盛者必衰の理をあらわす
おごれる人も久しからず　ただ春の夜の夢のごとし
たけき者もついには滅びぬ　偏に風の前の塵に同じ」

どんなに栄華を極めた平家一族も、今思えば一陣の風に吹き消される塵のようであった。人の世はなんと無常で儚いものであろうか。この詠嘆は日本人の心深く浸透しています。

「つひに行く道とはかねて聞きしかど昨日今日とは思はざりしを」（在原業平の哀傷歌『古今和歌集』）

死を前にした時、無常なる現実を悲しみをもって受け入れる以外にない。それが仏教を背景にした日本的無常感を抱く日本人の態度ではなかったかと思います。

3. 主にあって死ぬ者の幸い

ですから、死を前にしてもキリスト者が持つ静かな平安に日本人は驚くのです。

「私は裸で母の胎から出て来た。また、裸で私はかしこに帰ろう。主は与え、主は取られる。主の御名はほむべきかな。」（ヨブ記1章21節）

いのちの主なる神を恐れるキリスト者は死を厳粛に受け止めるとともに、死の絶望を越える慰めと希望を持っています。私たちの抱くこの世にはない希望は、キリスト者の葬儀におのずから現れるでしょう。私たちはその生と死をもってキリストを証しするのです。

「今から後、主にあって死ぬ死者は幸いである。」（ヨハネの黙示録14章13節）

（大和昌平）

仏式葬儀でキリスト者らしく

1. 仏式葬儀

私たちが日常の仕事や生活をすべて中断してでも駆けつけなければならないのは、人の死に始まる葬儀でしょう。それが宗教行為であるとの自覚もないままに、日本人は黒に身を固めて葬儀に馳せ参じます。パウロが偶像に満ちたアテネで「あらゆる点から見て、私はあなたがたを宗教心にあつい方々だと見ております」（使徒の働き17章22節）と語った言葉は、無理を押しても葬儀に参列しようとする現代日本人にも当てはまるのではないでしょうか。ここでは、伝統的な仏式葬儀とは何なのかを見てみましょう。

禅宗僧侶の葬儀には覚りを開いた僧侶に対する尊宿《そんしゅく》喪儀法《そうぎほう》と、未だ覚りに至らぬ僧侶に対する亡僧喪儀法《もうそうそうぎほう》の区別があります。一般人の葬儀は「亡僧喪儀法《もうそうそうぎほう》」に準じて、死者を出家させ、修行者として旅立たせようとして行われます。仏弟子としての戒名を与え、覚りを開くように引導を渡し、成仏させようと送り出します。ですから、死装束は経帷子《きょうかたびら》に手甲脚絆《てっこうきゃはん》、白足袋と草鞋に杖、頭に被り物と「お遍路さん」の姿になるのです。

葬式と告別式を分ける場合は、葬式は故人を成仏させる儀式で、遺族と近親者のみで行い、告別式は成仏した故人に最後の別れを告げる儀式で、一般の会葬者も参列するということになります。昨今は、葬儀の簡略化や自由化が進んでいますが、仏式葬儀本来の姿を理解しておくことは大切です。

2. 焼香と拝礼

仏式葬儀への参列者が必ず行うのが焼香です。焼香は死臭を消すなどの用途はあるにしても、仏教では成仏を目指す死者への供養となります。供養とは死後の幸福すなわち冥福を祈る宗教行為です。真言宗や日蓮宗などで焼香を三度行うのは、仏・法・僧という仏教において尊崇される三宝への礼拝です。仏は覚りを開いた人であり、法は仏教における真理であり、僧は修行僧の集まりです。この三者を仏教における三宝として尊崇するのです。焼香をし、数珠をかけた手で合掌・拝礼するのが正式な作法です。神葬祭での玉串奉奠《たまぐしほうてん》は死者の神霊にささげるもので、仏教の焼香とほぼ同意になります。

数珠は仏教徒が普段念仏を唱える時の仏具であり、キリスト者が持参するほうが不自然です。問題は焼香と拝礼でしょう。死者であれ、仏であれ拝礼することは、その対象を神とする宗教行為なので私たちは避けたいのです。しかし、遺族から「拝んでやってください」との願いを無碍《むげ》に断れない辛さがあります。次に述べますが、私たちはキリスト者らしく心込めて弔いをした上で、焼香と拝礼は避けるべきだと私は考えます。

3. キリスト者らしい弔い

弔うという日本語は古語の「訪《とぶら》う」が「とむらう」に転じたもので、人の安否を訪ねること、見舞うことです。病気の人や気がかりな人を訪ねること、そこから、近親者をなくして喪の悲しみの中にある人を訪ねること、すなわち弔うという意味を持つようになります。さらには、死者の霊を慰める追善供養をすることをも意味するようになるため、弔うというと異教的なものを感じてしまうのです。

しかし、私たちは悲しみの中にある人を弔い、「泣く者といっしょに泣きなさい」（ローマ人への手紙12章15節）とのパウロの命に従いたいのです。主イエスがラザロの葬儀に行かれた折、「イエスは涙を流され」（ヨハネの福音書11章35節）ました。ラザロを亡くした姉妹を弔われた主イエスの姿に倣いたいと思います。

葬儀に列席して喪主の方の前に出る時、「お悔やみ申し上げます」という挨拶がなされます。この日本語にも異教的な臭いを感じてしまうのではないでしょうか。しかし、悔やむとは、人の死を惜しんで悲しむこと、悼むことです。肉親を失った人の悲しみを共にすることです。葬式の挨拶はできるだけわからないようにと俗に言われるのは、どう言っていいのかわからず、慰めの言葉を持たないからでしょう。しかし、私たちは大切な人を亡くした人を弔うことを、そして、「お悔やみ申し上げます」との言葉を心込めてかけることを、キリスト者として進んで行いたいと思います。その上で、宗教儀礼としての焼香と拝礼はキリスト者として辞退させていただきます、と伝えるのが良いのではないでしょうか。人を愛することと神のみを神とすることと、そのどちらをもゆるがせにはできないと考えるからです。

（大和昌平）

キリスト者らしい葬儀

1．礼拝としてのキリスト教葬儀

キリスト者の葬りに際しても、私たちにできることは文字どおり遺体を丁重に葬ることです。埋葬をする前に礼拝堂において地上での最後の礼拝をささげることが、儀式としての葬儀となります。植村正久牧師が翻訳したS・G・ストックの「天に一人を増しぬ（One more in heaven)」という感動的な詩があります。葬儀に集う兄弟姉妹の心を見事に表現した、その第一連のみ引用します。

「家には一人を減じたり　楽しき団欒《だんらん》は破れたり　愛する顔平常《いつも》の席に　見えぬぞ悲しき　されば天に一人を増しぬ　清められ救われ全うせられしもの一人を」

礼拝堂には花を飾るだけで、いつものように牧師は講壇から説教をし、会衆は棺に納められた遺体と共に礼拝をささげます。棺は講壇の前に横に置くことが多いと思いますが、真ん中の通路に縦に置くことによって会衆に囲まれて礼拝をささげる形ができます。日本の仏式葬儀では棺を正面に祭り上げて拝礼したり、神道的な感覚で死体に近づいて汚れたからと塩をまいて帰宅したりしますが、その両方を避けるキリスト者日本人の新しい葬儀の形になると考えます。

葬儀の最後には棺を開けて、遺体を花で飾って地上での別れをします。その葬儀の項目を「献花」でなく「飾花」と呼ぼうと提案されたのは小畑進牧師でした。献花台を設けて献花をすると、仏式葬儀の焼香に習って遺体への礼拝を促してしまうのを避けようとしたのです。

その人の愛唱賛美歌を全員で歌い、牧師はその人がどのような信仰に生きたかを、愛唱聖句を引きつつ語るでしょう。遺体に向かって唱えられる読経ではなく、参列者に向かって聞いてわかる日本語で語られる説教は、初めて礼拝堂に座った人の心にも届くことを、私も一牧師として経験してきました。いのちの主である神の前でひとりの人の人生をふりかえり、いのちと死の尊厳を覚え、死を超える希望と慰めを牧師は語ります。キリスト者の葬儀は、おのずから福音伝道の好機となるでしょう。

2. 愛の福祉と福音宣教の業としての可能性を

古代教会のキリスト者たちは死者の頭を東に向けました。キリストが復活された日の朝日の方角です。死者の命日は、永遠のいのちへの誕生日として祝いました。また、身分の低い人たちの埋葬をキリスト者たちが愛の業として行いました。背教者ユリアヌスがローマ帝国にキリスト教が広まってしまった理由として、キリスト者の博愛と死者の葬りの業の二つを挙げたことは注目に値します。

ユリアヌスは「無神論（＝当時のキリスト教への非難のことば。現代の無神論ではなく、その社会や民族の神を認めないという意味の無神論）をとりわけ広めたのは、他国人への博愛と、死者の葬りへの配慮である」といっています。

汚れたものとして放置された遺体を丁重に葬ったキリスト者たちの愛と福祉の業は、ローマ帝国に衝撃を与えたのです。

日本のキリスト教史において、高山図書《ずしょ》・右近親子が高槻城下の身分の低いキリシタン領民の葬儀に際して、その棺を担いだ事跡が伝えられています。死体に関わるのは下層民の聖《ひじり》の仕事だった時代に、お殿様が貧しい領民の棺を担ぐとは驚天動地の証しだったことでしょう。

少子多死社会と言われる現在の日本は、葬儀が変容の渦中にあります。セレモニーホールで行う廉価な「家族葬」が主流となり、形骸化した仏式葬儀そのものを省いて斎場へ直行する「直葬」も増えています。亡くなる人の高齢化、さらに独居老人の孤独死の増加という日本の現実が背後にあります。無縁社会とも呼ばれるこの時代に、葬儀もかなわない人に地域教会が何らかの手を差し伸べられないでしょうか。古代ローマ時代と違って現代日本では行政が福祉を担う部分が多いのですが、地域教会が愛と福祉の業として、ひいては福音宣教の業としてのキリスト教葬儀に取り組む可能性はないでしょうか。

なぜなら葬儀こそが、無自覚のままに日本人の宗教の核心部を占めているからです。その本丸を攻めないで日本宣教は周辺部にとどまらざるを得ないと思います。キリスト者が死に際しても抱いている希望と慰めを、現代日本人に業と言葉をもって表していけたらと願います。

（大和昌平）

悲嘆と向き合う

葬儀は単なる通過儀礼にとどまらず、様々な意味を伴います。中でも、近しい人との別れの悲しみには、適切な配慮や対応が必要とされます。遺された家族が慰めを受け、前を向いて歩み出せるように、また参列した人々が死は絶望ではなく希望があることを知るために、葬儀のあり方やそこで語られる言葉はとても大切な役割を担っています。

遺された人にとっての葬儀

葬儀は多くの場合、精神的にも実際的にも十分な準備の時間が取れないような状況の中で定まった順序に従って執り行われていきます。死亡通知を受けると直ちに始まりますから、悲しみに向き合う間もなく、葬送儀礼を営まなくてはなりません。葬儀は遺族・近親者にとって食事も喉を通らないほどのことですから心身とも疲れを覚える一大通過儀礼となります。

しかし、葬儀はそのように突然で緊張感と疲れの伴う非日常的な出来事ではありますが、その意義は大きく、遺族や参列者たちの実存を揺さぶり、その心の内に様々な思いを残すものでもあります。

＊

人の死と葬儀に臨んでだれもがまず思わされることは、これほど人が「宗教的また霊的な思い」にさせられる時はないのでないかということです。いつまでも生きていられるような錯覚に陥っている己の姿を知り、人は死んでいくものだということを実感的に理解させられる時です。

感覚に差はあるにしても、だれもが生とは何か、死とは何か、人生とは何かという問いかけを受けることになります。ある人たちは急に自己の存在に不安を感じるかもしれません。クリスチャンであっても例外ではありません。再度自分の生と死を信仰の中で確認し、主に近づく時ともなるでしょう。そんなとき、イエスが語られた「わたしは、よみがえりです。いのちです。わたしを信じる者は、死んでも生きるのです」という復活を約束された言葉を改めて思い巡らされる方もあることと思います。死と葬儀はそういう結果をもたらす可能性があるのです。

＊

葬儀はまた「死の現実を受容させる」という意義をもっています。死別は生前の関係性にもよりますが、自分も一緒に死にたいと思うほどの悲しい出来事であり、なかなか死の現実を受容することが難しい場合があります。特に配偶者や子どもの死は精神的に最もきつく、ストレスの値も最高度となります。

しかし、臨終の祈りに始まり、納棺式、前夜式、告別式（葬式）出棺式、火葬式に至る一連の諸儀式、さらにそれに続く納骨式や記念式（記念会）などを通して、残された者は次第に死別の現実を受容していくことになります。もちろん機械的にそうなるわけではありませんが、一連の儀式の中で繰り返し神の愛と慰めのみことばが語られ、たくさんの祈りがささげられますから、葬儀は単なるお別れではなく、心を癒す営みともなります。

その意味で葬儀とそれに伴う様々な儀式は、それ自体がいわゆるモーニングワーク（喪の仕事）でもあり、グリーフケア（悲嘆のケア）ともなりうると言ってよいでしょう。そういう意味から考えると、現代の葬儀や埋葬などの簡略化などは新たな課題を生み出すものとなっているとも言えます。

＊

さらに葬儀は、そこに集う「家族や親族の出会いの場」になるという特別の意味を持つものでもあります。それは普段はよほど特別な事情がない限り会う機会のないような家族や親族も葬儀という場を通して顔を合わせることになるということです。職場や学校に休みを取るなどして方々から集まってきます。逆に言えば一人の人の死は、普段なかなか会う機会のない近親者を集めるということになります。これはなかなかのことだと思います。

葬儀の場において安否を問い、今まで生かされてきたことを感謝し、お互いの幸せを願う気持ちが起こされるというのもひとつの事実です。仮に会いたくないような事情があって疎遠になっていたとしても、葬儀が人と人の関係を回復させる契機となることもあるのです。もし葬儀がそういう結果をもたらすものとなるならば、人の死は残された者に貴重な贈り物をすることになると言ってよいと思います。

＊

終わりに加えたいことは、亡くなった人が信仰を持っていた場合、葬儀は教会に集う人たちの「天のみ国への意識を強める」ことになるということです。それは主にあって召された兄弟・姉妹は、真の国籍のある天のみ国に帰ったということですから、彼らを通して地上の教会はいっそうみ国との繋がりを深めることになるわけです。

葬儀において彼らの亡骸を前にする時、その魂が地上から天上に移されたことを視覚的に確認させられます。ドイツの神学者デートリッヒ・ボンヘッファーは、そのことをこう表現しています。

「教会にある者はすべて、肢体が一つのからだに属するようにたがいに（一つの教会に）属するのである。その中のひとりが死ぬということは、ひとつの枝がからだから切り離されるようなものである。しかしその枝は同時に、からだの主であるキリストによって受け入れられる。それは他の人に先立って完成への道を急ぎ進んでいるのである。……葬儀の日は、従って、教会にとっては、常に何かその基底には喜びがあるといった性格の日である」と（『説教と牧会』一九六ページ）。

葬儀において、その魂がキリストとそのみ国へ「他の人に先立って完成への道を急ぎ進んでいる」と見ることができるならば、地上の悲しみの中にありつつも残された者の心の奥深くには不思議な「喜び」が与えられるというのも事実ではないでしょうか。

（堀　肇）

信仰の証しとしての葬儀

キリスト教の葬儀は残された人にとって多くの意味を持ち、ふだん経験することのない深い慰めと希望を与えられる時ともなります。司式者として、また一参列者として葬儀の場などで、教会葬は「初めて」という方々から「キリスト教のお葬式は暗い感じがなく明るくていい」、「爽やかな感じがする」、「私もこのような葬式をやってもらいたい」と言われることがよくあります。中には葬儀に感動して「教会に行ってみたい」と言われる方もあるほどです。

こういう声を聞くとき、葬儀は単なる死者の葬りの儀式でないということを改めて感じさせられます。言い換えると葬儀はその大切な意味の一つである「遺族への慰め」という内側に向けての目的を超え、外側に向けてメッセージを放つ時ともなっていると言ってよいでしょう。「信仰の証しとしての葬儀」というものが自ずと現れ出てくるということでしょうか。

＊

このことを少し整理して見てみましょう。これはキリスト教葬儀の性格に起因するものですが、まず葬儀の「形式と内容」を、よくよく調べてみると非常に伝道的・宣教的なものとなっており、イエス・キリストのみ業が証しされているということです。

注目したいのが式です。前夜式も葬式（告別式）もその式文は礼拝の形式を取っています。前奏、招きの言葉、賛美に始まり、祈り、聖書朗読、説教へと続きます。途中に個人略歴などが入ることがあっても基本的には礼拝の形式であり、その内容も神を賛美し、神に祈り、説教も究極的には自ら死に勝利されたキリストが信ずる者に約束してくださった復活の希望を語るわけですから、葬儀はきわめて伝道的な営みでもあると言ってよいでしょう。

もう少し絞って見てみますと、式中に歌われる「賛美歌」は特別に葬儀のためだけに歌われるものではなく、その多くは通常の礼拝でささげられる賛美です。その内容はと言えば、私たちの心と魂を慰め、励まし、信仰の世界へと向けさせてくれるものです。

葬儀でよく歌われる「いつくしみ深き 友なるイエス」などは、伝道集会でも、結婚式でも使われています。また「主よ、みもとに 近づかん」なども信仰の向上をテーマにした賛美歌ですが、葬儀にも使われます。このような歌を通してキリストの救いのみ業とその恵みがたたえられているのです。その意味で、賛美することそれ自体が宣教となっていると言ってよいわけです。

＊

また葬式では多くの場合、「個人略歴」などが入りますが、それはただ故人の経歴や生活史を紹介するだけではなく、信仰史（信仰の歩み）が加えられます。その場合、信仰前と信仰後の生活に触れることになりますから、葬儀の参列者に対してキリスト教信仰の生きた証しが伝えられることになります。「故人の思い出」が語られる場合なども、その内容に誇張がなく真実で、現実からかけ離れたものでないなら、目立たぬ信仰の歩みであっても周りに大きな感動を与えるものとなりえます。

キリスト教の葬儀は、死者を葬り、その魂を憐れみ深い神のみもとへお送りする儀式であって、本来証しや伝道を目的とはしていませんが、このように結果としてこれほど純粋な信仰の証しが語られ、伝道の業がなされている集いは多くないだろうと思います。

その中でも「説教」では、故人の略歴や追憶が語られることがあっても、その中心点は死すべき運命にある人間をイエス・キリストが死と裁きから解き放つため十字架と復活を通して永遠のいのちを保証されたことが語られるわけですから、それは強力な宣教の業となるわけです。

＊

ある神学者は死者について「その人はもはや、私にとって見える姿で生きているのではない。主にあって見えない姿で生きている」と言いましたが、私は、故人は葬儀全体を通して「見えない姿で信仰を証ししている」と言いたいと思います。もし召されたひとりの人の死を通してだれかが信仰に導かれるようなことがあれば、その人は素晴らしい贈り物をしたということになります。

このようにキリスト教葬儀は、故人の魂をみ手にゆだね、遺された方々に神の慰めを語ることを目的としていますが、結果としてキリストの恵みを証しし、福音の恵みを伝える機会になりうるのです。言うまでもないことですが、葬儀には普段の礼拝に出席することがない人たちが大勢参列します。そして参列者全員が、故人の信仰の証しとみことばの説き明かしを聞くことになるのです。これは何と素晴らしいことでしょうか。

（堀　肇）

遺族の慰め・グリーフケア

葬儀が終わってからの最も大きな課題は、遺族に対する心のケアです。つまり愛する者との死別に伴う喪失によって生じた悲嘆（グリーフ）を乗り越え、日常生活を取り戻せるように心のケアをすることです。今日ではこれをグリーフケアと言っていますが、かつてこれらは、大勢で死と向き合うことが日常的であった時代には、家族や地域社会の中でそれなりに機能していたものでした。ところが現代は核家族・少子化、また地域社会の崩壊や病院死に見られる「死の科学化」などがこれを困難にしています。

また死別の形も高齢期における老死、病死なら諦めもつきやすく悲嘆の回復も早いと思いますが、多発する様々な事故死や災害死、また自死や突然死などによる悲嘆はなかなか癒されにくく、特別なケアが必要になってきます。これらに対して少し知識を持っていると助けになると思います。

*

最初に死別に伴う「悲嘆反応と悲嘆のプロセス」について基本的なことを取り上げてみます。死別の中でも最も大きな悲嘆は配偶者や子どもとの別れです。ストレス値なども他と比べて最も高いのがこの死別（対象喪失）です。特に愛が深いものであればあっただけ、その喪失と悲嘆の度合も深くなります。死別後には悲哀感、罪責感、孤独感など感情面の変化とともに、程度の差こそあれ疲労感、不快感、免疫力の低下などの身体症状が現れますが、これらは正常な悲嘆反応と言ってよいと思います。

また生きる意欲や物事に対する関心が衰えてしまうのも普通に見られるものです。『ナルニア国物語』や神学書などでよく知られているイギリスの英文学者、C・S・ルイスは、愛妻ジョイを癌で亡くしたときの悲しみを、こんなふうに記しています。「仕事をしているとき　そのときだけは、わたしという機械はほとんど普通に動いているように見えるのだが　そのほかは、わたしはちょっぴりの努力もごめんだ。手紙を書くどころか読むのさえまっぴらだ。ひげを剃ることさえもだ。わたしは頬がざらざらしていようと、すべすべしていようと、今はどうだってかまいはしない」（『悲しみをみつめて』八ページ）と。

死別のもたらす生活への意欲喪失を語っていますが、これは程度の差はあるにしてもだれもが似たような経験をするのではないでしょうか。

残された者がどのようなプロセスを経て回復していくのかについては、今までに幾つかの段階モデルが研究者によって発表されてきましたが、大きく分けてショック期（驚愕、情緒的麻痺、呆然自失、非現実感）、喪失期（悲しみ、怒り、罪悪感、抵抗感、絶望感、抑うつ状態、孤独感）、回復期（現実受容、振り返り、意味化、新しい同一性の獲得）と考えてよいでしょう。ただこうした悲嘆のプロセスと症状には個人差がありますから、援助者はその現れは同じではないことを心得ておきたいと思います。

＊

次にそのような悲嘆の中にある遺族に対してどのように関わり、配慮し、慰めたらよいか、いわゆる「グリーフケア」について、キリスト教信仰の立場から簡略に述べたいと思います。

まず第一は、何かを語って励ますというより、その人の心に寄り添うということです。具体的にはどんな話でも徹底的に受容的・共感的に「傾聴する」ことです。根掘り葉掘り聞いたり、事柄を解釈したり、安易に励ましたりしないで、心の悲しみ・呻きを相手の心の枠組みに添い、感性を研ぎ澄まして耳を傾けることです。話したい誘惑を退けて聴くことです。

特に死別には普通でない孤独感が極度に意識に上ることを覚えておきたいと思います。孤独というものは、失うこと、離れること、関係が喪失することによって起こる感情です。その程度が深まると、生きている意味や存在価値が失われたような感覚になり、精神的な危機にもさらされるようになります。

第二は、こうした深い孤独感の伴う悲嘆の中にある遺族へのケアの要諦は、悲しむ人の傍らに「共にいる」ことです。人は自分のことを忘れないで側にいてくれる人がいるなら生きていけるのです。と言っても常にそこにいること（存在）は不可能ですし、それだけが共にいるということでもありません。そこにいない（不在）場合でも、その人の心の中にいるならば、それはやはり共にいるということになります。もしだれかがその人のことを覚え、いつも変わらず、「あなたのことを忘れていませんよ」という関わり方をするならば、それは素晴らしい心のケアになります。

第三に願うことは、悲嘆のただ中にある人の心が「神と繋がる」ことができるよう助けたいということです。というのは、心のケアには人間として限界があるということです。本当のケアは心から魂に向かわなくてはならないのです。言い換えると、決して変わることがなく共にいてくださる神の下に赴くことです。少し厳密に言いますと、ケアを与える人もケアを受ける必要を覚えて共に人間を超えた神に向かうということです。そして「わたしは決してあなたを離れず、また、あなたを捨てない」（ヘブル人への手紙13章5節）、「見よ。わたしは世の終わりまで、いつも、あなたがたとともにいます」（マタイの福音書28章20節）と言われる方との交わりにおける慰めと癒しを体験すること、これが究極的なグリーフケアと断言してよいと思います。

この体験に導かれるとき、人は悲しみの感情も真の意味で癒され、現実を受容し、新しい人生へと向かって歩み始めることができるようになるのではないでしょうか。それはゆっくりかもしれませんが、その道程を忍耐をもって支えていくのが、周りの人たちの努めではないかと思います。

（堀　肇）

自死の場合をどう考えるか

死別の原因には老衰死、病死、事故死だけでなく様々な種類がありますが、中でも自死は最も悲しくつらい死のひとつです。ことにそこに至らざるを得なかった本人の気持ちを考えると、胸が裂けるような思いになります。また遺族の悲嘆や心の傷を想像すると、周囲もどう接したらよいか戸惑います。

グリーフケアの基本は前項で記しましたので、ここでは自死について理解をし、葬儀への配慮と取り扱い方について考えてみます。とは言え自死はその本質から考えて、人間の深い実存に関わる出来事ですので、単純に一般化した分析や判断ができないことを前提理解としておきたいと思います（ここではクリスチャンの自死の葬儀を念頭に書いていますが、そうでない方々の葬儀にも適用できるものも含まれています）。

＊

まず第一に「知っておきたいこと」のひとつは、キリスト教には過去において自死を一方的に断罪し、非人間的な扱いをし、教会的な葬儀を禁止したような不幸な歴史があったということです。これはとても残念なことでした。しかし近年になって教会はその誤った事実を認め、「裁き手として振る舞い、差別を助長してきたこと」を反省する方向に転換してきたことは嬉しいことです。そもそも自死といってもその原因はとても複雑ですから、外から単純に批評できないものであることを知っておきたいのです。

加えて現代では自死者の心理過程（自死に至る）についての研究が進んでおり、ある調査によれば自死者の九〇％以上が何らかの精神疾患（特にうつ病）を患っていたと報告されています。日本の切腹のような特殊な場合を除き、本人が死を望むというより病気のゆえに強迫的に死に引き込まれてしまった行為と理解したいのです。したがって、周りの愛情が足りなかったとか、人間性に問題があったとか、信仰が弱かった、足りなかったなどという単純な因果関係で考えないようにしたいのです。多くは死に引き込まれていく病気の結果なのですから。

＊

第二は「自死者の葬儀」についてですが、現在は幸い昔のようにこれを拒むというような無理解な教会はほとんどありませんが、対応や扱いに慎重さを欠く場合はあるのではないかと思います。もっと死者の追悼の本質をよく理解し、言葉の使い方なども遺族を配慮したものでありたいと思うのです。

たとえば司式の中で、故人の尊厳や遺族の気持ちを理解せず不用意に死因を語ってしまったり、また説教も衝撃のあまり、どう語っていいか戸惑い、自死という特殊な文脈を配慮しないで、罪の悔い改めとか赦しなどについて教理的に語り過ぎ、かえって遺族に罪意識を持たせてしまうことがあります。すでに遺族は強い罪責感を持っていることを知っておきたいのです。葬儀説教は教育的というより牧会的であることが望ましいと思います。

＊

説教を含め葬儀の目的は、まず生と死の主権者であり、人の魂の深淵を知っておられる神のみ前にへりくだり、頭を垂れることです。そして故人の魂を天の故郷へ送るべく愛と恵みに満ちておられる神のみ手に心からの祈りをもってゆだねることです。これが葬儀・葬送の基本です。そもそも人の生と死は神の摂理の秘密のうちに隠されていることですから、説教者といえどもわからない領

域にまで立ち入り、故人の死について自分の解釈や死生観を述べないようにする謙虚さが必要です。私たちはすべてを知っているわけではないのです。

聖書はこう記しています。「私たちすべてのために、ご自分のみ子をさえ惜しまずに死に渡された方が、どうして、み子といっしょにすべてのものを、私たちに恵んでくださらないことがありましょう」（ローマ人への手紙8章32節）。私たちにできることは、十字架と復活を通してその愛を現された慰めの神が共にいて最善をなしてくださると信じて祈ることです。

＊

自死に限らず葬儀についてもう一つ大切なことは、残された遺族のため神の慰めを語ることです。キリスト教葬儀の中心はそこに置かれていると言ってよいと思います。どの教団で使われている式文を見ても、その中心は表現こそ異なれ、「悲しみの中にある遺族の上に、あなたの慰めと励ましをお与えください」というような内容となっています。次の祈りはある式文の一部ですが、たいへんよく表現されています。「……あなたへの信頼を新たなものとし、嘆きの中に静かな落ち着きを、悲しみの中に確かな平安を与えて下さい。そして、私たちの恐れを信頼に、失意を希望に変えて下さい」と。まさに葬儀の中心は残された者の心に寄り添い、その魂が慰められ悲しみが癒され、希望をもって生きていくことができるよう祈ることなのです。

ことに自死の場合、遺族は死のあり方に衝撃を受けるだけでなく、共にいたものとして自ら深く傷ついていることを心に刻んでおきたいのです。振り払っても振り払っても「あの時、こう言ってあげていたら」、「あそこで、こうしてあげていたら」という後悔の念とそれに伴う罪責感で心が押し潰されそうになっていますから、葬儀はその悲嘆へのケアを考え、慰めと癒しを伝えるものでなくてはなりません。

＊

パウロは「神は、どのような苦しみのときにも、私たちを慰めてくださいます」（コリント人への手紙第二、1章4節）と語っていますが、神はいかなる悲しみの中にある人でも慰めることのできる方であることを信じてみことばを伝えたいのです。

加えて使用される賛美なども慎重に選曲し、祈りの言葉もよく考え、聖書朗読もだれが聞いても理解できる箇所を選ぶようにしたいものです。

（堀　肇）

臨終から葬儀

現在の日本では、病院など医療機関で死ぬ人が八割を超えているといいます。多くの病院では、死亡が確認されると遺体はすぐに処置室・霊安室に移されますが、特に希望を伝えないと、その病院の出入りの葬儀社がその日のうちに遺体搬送の手配をする場合があります。キリスト教葬儀にあまり経験やノウハウのない業者だと、後悔することになりかねません。

クリスチャンとして納得のいく葬儀をするためには、普段から信頼の置ける葬儀業者とのコンタクトを確認しておき、病院で亡くなったらすぐに病院側にその旨を伝えて、葬儀社に連絡をとるとよいでしょう。葬儀社は原則、二十四時間電話を受け付けています。

キリスト教葬儀のスタイル

実際の葬儀には、一口に「キリスト教式」といっても様々のバリエーションがあります。各スタイルとそれぞれの意図や考え方、最近のキリスト教葬儀に見られる傾向、基本的なマナーなどを解説します。

◯参列者席の中（遺族の傍ら）に

主なる神の御前に「故人も共に礼拝を守る」という意味を込めて棺を参列者席の中に置きます。大きな喪失体験により、心いためる状況にある遺族に対して、親族席の列近くに配置されることが多く見られます。遺族に対する心情的配慮が込められていることもあります。

◯前火葬・骨葬

葬儀の前に 故人の遺体を火葬するという形式も見られます。葬儀を行う地域の風習、あるいは故人や遺族の希望に基づいて、この形式の葬儀が行われます。風習という点では、特に海辺や山間部の地域にこの形式の葬儀が多く見られます。遠隔から参列する方々への配慮、遺体のいたみへの配慮が背景にうかがえます。この場合は、骨壺に納められた遺骨を 祭壇に置いて葬儀をします。

棺はどこに置く？　―向きは縦か横か？―

○横

長方形の棺を、葬儀式場となる礼拝堂の前方に横向きに置きます。限られた礼拝堂内スペースに、なるべく多くの方が入り、葬儀の時を共に過ごすことができるように という配慮に基づいて、配置されることが多く見られます。棺の周りに生花を飾る形式の「花祭壇」を組む際は、広い面積の側面を用いて、参列者に対して多くの生花が見えるように飾ることができます。

○縦

長方形の棺を、葬儀式場となる礼拝堂の前方に縦向きに置きます。礼拝堂正面から、主なる神の祝福を受けると定めて、遺体の顔と脚の向きが決められます。信徒は「参列者席側に頭を向ける配置」、牧師・司祭といった宗教者は「講壇側に頭を向ける配置」が多く見られます。聖書に記された、主イエス・キリストの再臨における復活の声かけを受けて、信徒は三位一体の神と向き合い、宗教者は 三位一体の神の側の列に加えられる、という意味が込められています。

献花と飾花

葬儀としての礼拝を閉じた後に、参列者が棺の前に進み出る時が備えられています。参列者一人ひとりが、生花を手に携え進み出て、献花または飾花を行うことが多くあります。死者の魂を神格化し崇める行為ではなく、参列者一人ひとりが、故人の人生の始まりから終わりまでを守り導いた「神」と向き合い、聖書に記された神からの約束（福音）について思いめぐらすひと時として備えられています。

【献花】

棺の前に献花台を備え、台の上に花を置きます。献花の時、台の上に置く花の向き、棺に納められた遺体との対面を兼ねるかなど、献花の作法についてはそれぞれの教会で込められた意味があります。

【飾花】

棺の蓋を開いて、棺の中に納められた遺体の周りを生花で飾ります。参列者一人ひとりが、美しく咲く花を目にし、死後に移されると約束されている神の国に思いを馳せるひと時として行います。

前夜式の有無

葬儀礼拝と同じ内容の次第で、一般の方々をお招きして前夜式を行う形式が、年々減少している傾向が見られます。背景としては、第一に90歳を超える高齢の方の葬儀が多くなり、参列される親戚・友人・知人も高齢で、夕刻以後に行われる前夜式の参列が大変という現状があります。次に家族・親族といった身内の参列を中心とする葬儀が多くなり、前夜式と葬儀を行っても参列する顔ぶれが同じ、といった状況が見受けられます。このような傾向は見られますが、前夜の時のために込められる意義がそれぞれの教会にあります。その意義にそって「前夜式」や「前夜の祈り」として、遺族や親しい方々が集い、遺体を囲み、祈りと賛美をささげ、思い出を語り合う時を持つことがあります。

一方で、広く一般の方が参列できるよう、夕刻に葬儀を行う形式も見られるようになりました。この場合、翌日親族や親しい者のみで集い、出棺の祈りの時を持って火葬場に向かいます。

思い出の品の展示

葬儀においては、故人の人生を良き思い出として振り返り、遺族の慰めとなることを目的に、思い出の品を展示する場面が見られます。参列者一人ひとりが、故人の人柄や人生をより深く知ることもできます。

キリスト教の葬儀においても、思い出の品を展示することがあります。「遺族の慰め」という目的とともに、故人の成長・受洗・結婚、または故人が人生をかけて取り組んだことなど思い出の品にふれ、故人が「人生を通して神様とどのように向き合い 歩んだか」、神様は「故人の人生にどのようにかかわられたか」を具体的なエピソードを通して参列者一人ひとりが知り、神の存在に心を向けるきっかけになります。

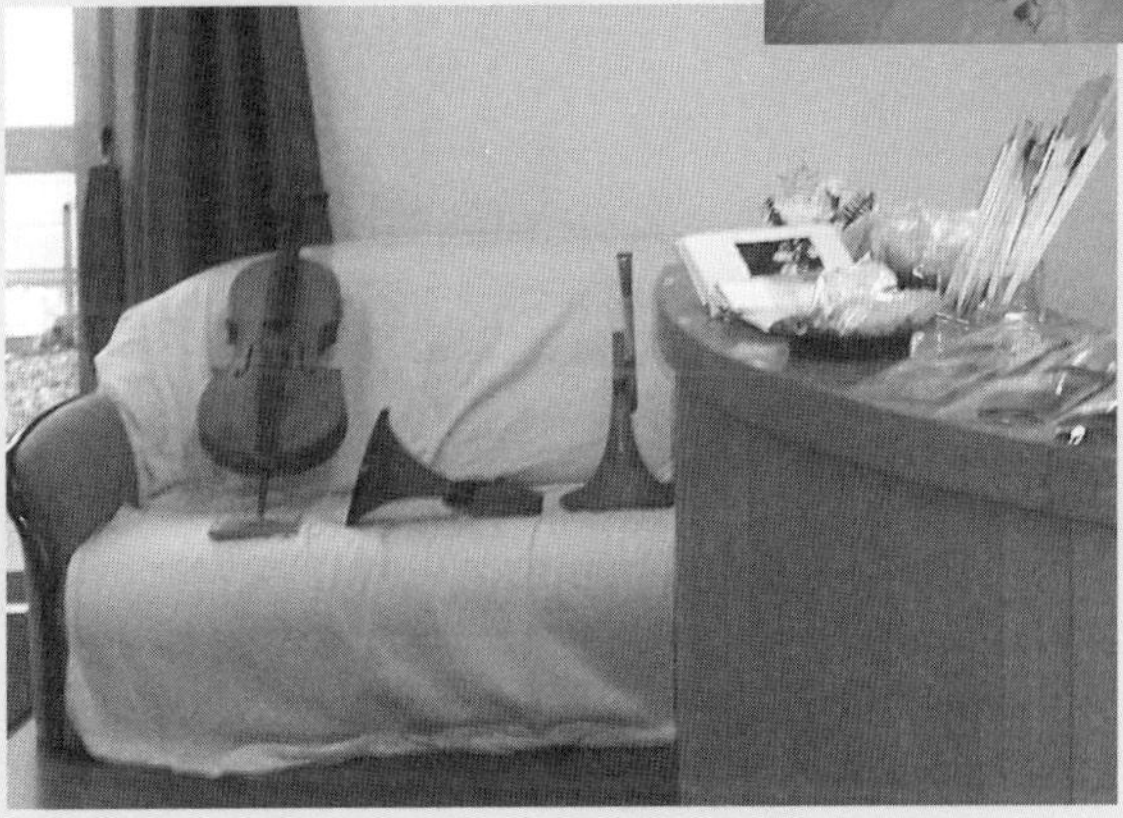

弔辞のマナー

キリスト教の葬儀は、故人の人生の始まりから終わりまでを 守り導いた「神」への礼拝として行われます。その中で語られる弔辞は、「故人の思い出」を分かち合うこと、遺族への慰めを語ることを目的としています。弔辞は、一般的には 人の死を悼み、故人の霊を鎮めることに重きが置かれ、故人に語りかけるように遺影と相対して行われる場面が多く見受けられます。

しかし、キリスト教葬儀の弔辞は、「共に礼拝を守る参列者」と故人の思い出を分かち合うことなどを目的としていますので、遺族や参列者のほうを向いて語られます。

参列のマナー

仏式葬儀においては、元来葬儀・告別式の段取りが分かれており、友人・知人といった一般関係者は、告別式の焼香・拝礼から参列することが礼儀とされています。この背景から、キリスト教葬儀においても遺族・親族を除く一般参列者は、「献花」「飾花」から参列したほうがよい、と誤解されていることがあります。しかし、キリスト教葬儀は「神への礼拝」として行われ、備えられた次第の一つひとつに、故人の人生を守り導いた「神への礼拝」のための意味が込められています。すべての参列者は、共に神を礼拝し、遺族の慰めのために祈りをささげる一人として、等しく葬儀の場に招かれています。

故人との関係の深さではなく、神の前に等しく尊い一人として、すべての参列者は開式時間に間に合うように葬儀式場に到着するようにしましょう。

（52－57ページ・原　康裕）

葬儀に役立つ情報

参列で疲れた身体を癒してくれる入浴剤で感謝の気持ちを表す

ハニーリュクス バスタブレット
（3個入り、お礼状用特製ケース付き）
57802 ¥600+税

（ケース付き）

（ケース付き）

みことば日めくり 詩篇の恵み
（お礼状用特製ケース付き）
絵／中神久子
54334 ¥650+税

一筆箋＆ボールペンセット
（お礼状用特製ケース付き）
57804 ¥600+税

（ケース付き）

弔事お返しタオル
（God Bless You 刺繍入り、ミニCDトラクト付き）
トラクト／「天国への希望～まもなくかなたの～」
58292 ¥600+税

弔事お返しタオル
（God Bless You 刺繍入り、トラクト付き）
トラクト／「愛する人を見送るとき」
58312 ¥500+税

会葬御礼や記念会の感謝に

やさしい花の写真に聖書のことばを添えたギフトブック

なぐさめの詩《うた》（お礼状用特製ケース付き）
写真／おちあい まちこ
17440 ¥550+税／B6変32ページ

きぼうの朝《あした》（お礼状用特製ケース付き）
写真／おちあい まちこ
17450 ¥550+税／B6変32ページ

（ケース付き）

慰めを与えてくれる美しい花々のポストカード

恵みの花々を
カードセット7枚入り
（お礼状用特製ケース付き）
57803 ¥500+税

（ケース付き）

会葬の返礼品にトラクトをプラスしたギフトセット。トラクトは7種類の中からチョイス

◆ギフト用品

エクストラバージンオリーブオイル＆スパイスギフト

イスラエルの最高級オリーブオイル

58092 ¥5,706＋税（送料別）

こうじ味噌セット「極上」

熟成極上味噌と木曽の手づくり甘酒

58091

¥1,852＋税（送料別）

オリーブナチュレル 石鹸ギフト

オリーブオイルに植物製油とハーブを加えた無添加・非加熱製法の最高級石鹸

58093 ¥5,370＋税（送料別）

フェイスタオルセット（2枚入り）

刺繍でGod Bless Youのロゴ入り（ホワイト＆グリーン）

50992

¥3,000＋税（送料別）

宇治茶セット（2本入り）

煎茶100g×1袋　玄米茶100g×1袋

58006 ¥2,500＋税

◆ギフト用トラクト（上記のギフトに下記A〜Gからトラクトを選んで組み合わせられます）

A

「星野富弘 四季のうた―夏」

B

「星野富弘 四季のうた―秋」

C

「たった一度の人生だから」（医師・日野原重明氏と詩画作家・星野富弘氏からのメッセージ）

D

「ミニCD付き God Bless You」

E

「生かされてある限り」（作家・三浦綾子がいかにして神を信じるに至ったか）

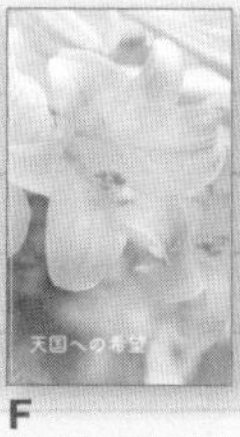

F

「天国の希望」

G

「シーユーアゲイン」（栄光病院名誉ホスピス長の下稲葉康之氏が、自身の体験から天国への希望を伝える）

メモリアル・あかしに

たいせつな人との想い出を、いつも身近に感じる

メモリアルスタンド 引き出し付き（フォトスタンド仕様）
召天年月日、名前などをアクリル板に入れて
58390 ¥48,000＋税

アクリル面に昇天年月日、名前などを入れることができます。

大型の聖書が余裕で入るサイズの引き出しです。

メモリアルスタンド シンプリー
（フォトスタンド仕様）
召天年月日、名前などをアクリル板に入れて
58392 ¥22,000＋税

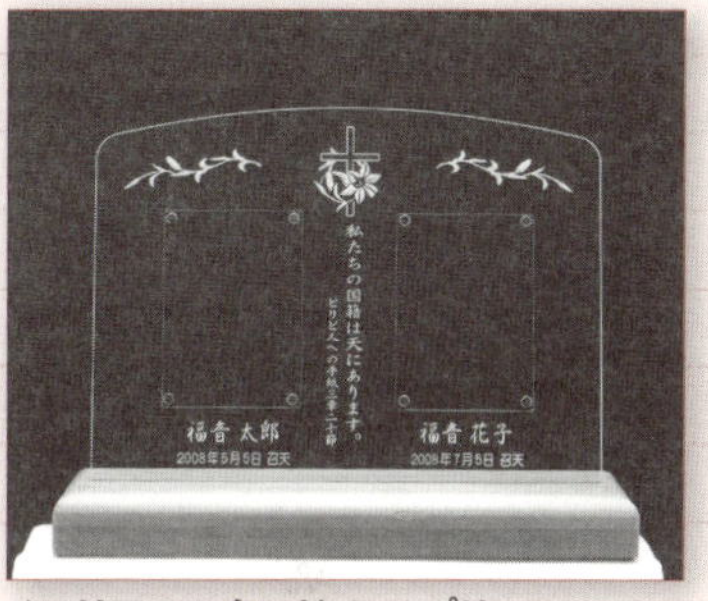

メモリアルスタンド シンプリー
（2窓フォトスタンド仕様）
召天年月日、名前などをアクリル板に入れて
58394 ¥25,000＋税

葬儀 BGM にふさわしい雰囲気の インストゥルメンタル賛美&ワーシップ

ベストセレクション／
ベアンテ・ボーマン CD
ピアノ、ヴィオラ、ヴァイオリンをバックにチェロが奏でる讃美歌・聖歌の世界
48583 ¥2,200＋税

IN HIS HANDS／
ジェフ・ネルソン CD
スピリチュアルなソロピアノ演奏によるリビングプレイズ全14曲
43671 ¥2,500＋税

葬儀トラクト
「天国への希望」
(20枚)
福音歌手・森祐理が歌う聖歌687番「まもなくかなたの」ミニCD付き
メッセージ／野田　秀
48650 ¥2,000＋税

トラクト
「愛する人を見送るとき」
(50枚)
著者／安藤能成
44410 ¥1,000＋税

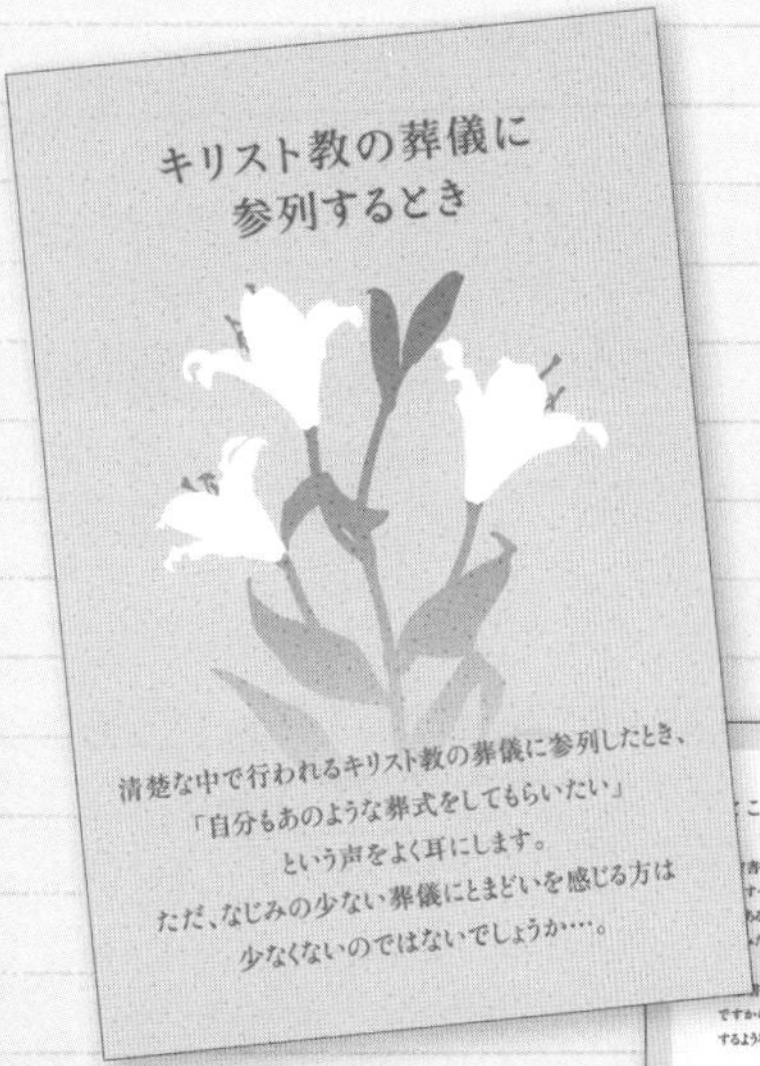

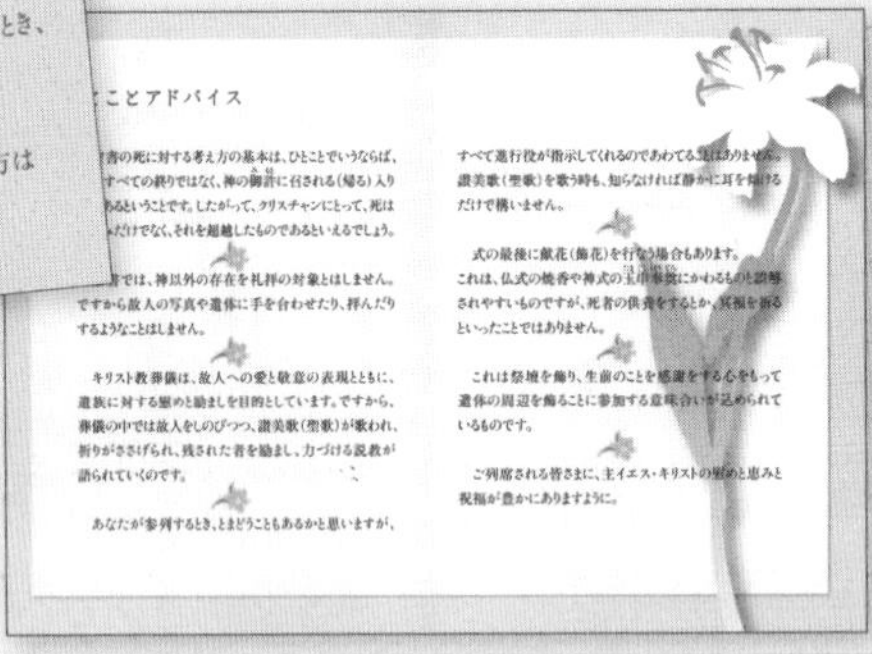

キリスト教の葬儀に参列するとき
（トラクト100部）
キリスト教葬儀の基本を説明。
プログラム用紙に添えて
A6判　巻四ツ折
44378 ¥750＋税

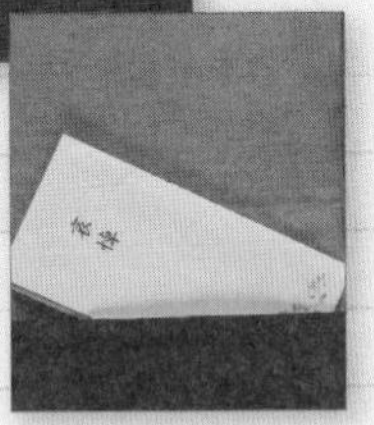

ふくさ（ユリ刺繍）
弔事
58293
¥2,500＋税

弔事袋「哀悼」1枚付き

葬儀用ネクタイ
（ブラック・十字架入り）
55002 ¥2,200＋税

弔事袋セット
お花料3枚／哀悼1枚／無地1枚　内封筒付き
58297 ¥450＋税

弔事袋（お花料・ユリ）
各¥400＋税

53324
十字架なし（5枚）

53322
十字架あり（5枚）

60 ～ 65 ページの品物に関する問い合わせは、TEL.0570-00-0518 まで。各商品のカラーイメージは、いのちのことば社ホームページで、5 桁の商品番号により検索できます。http://www.wlpm.or.jp/

葬儀の備えに

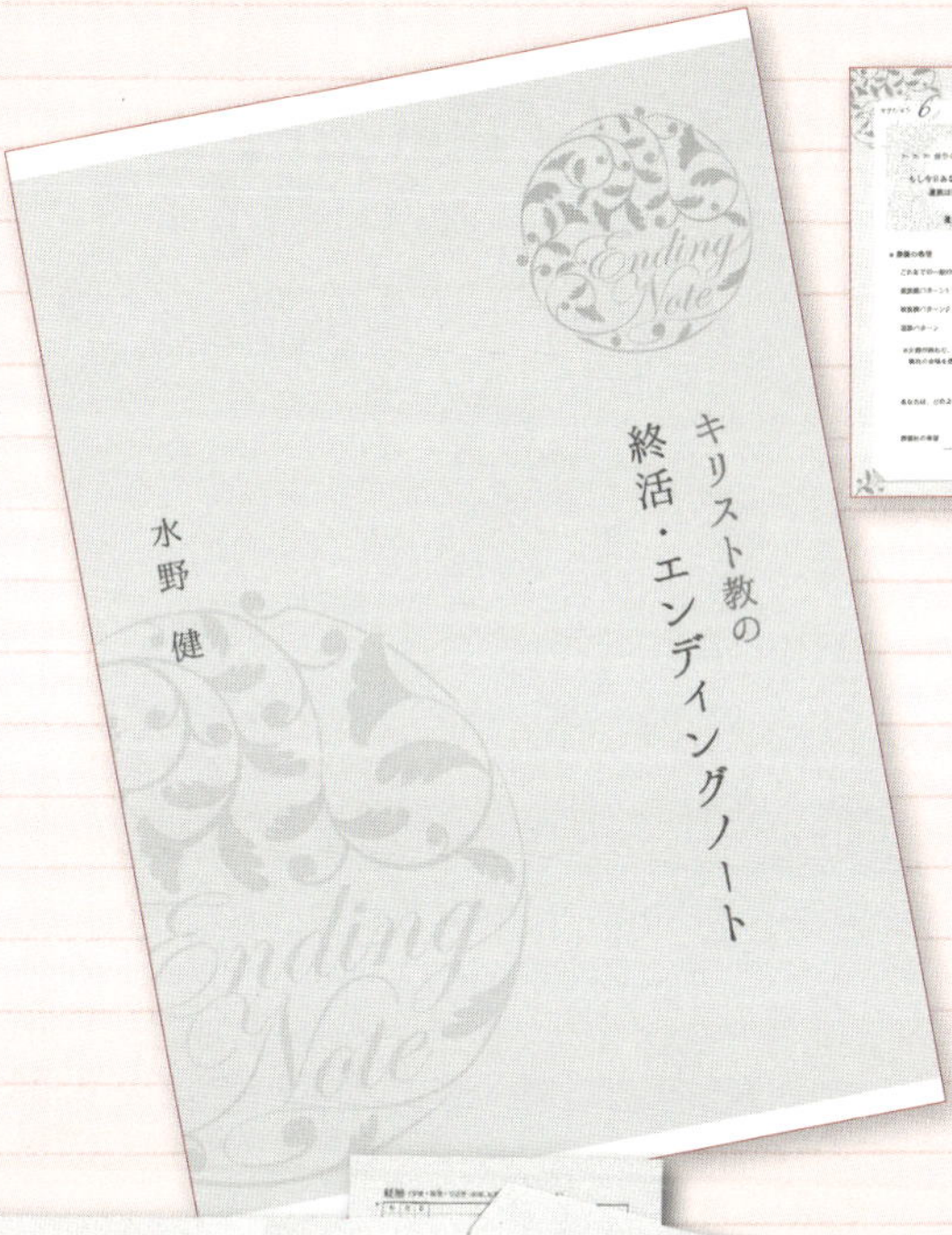

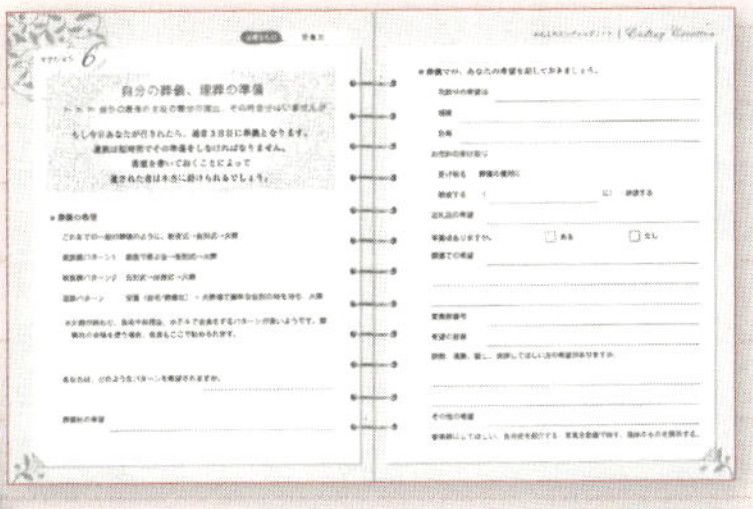

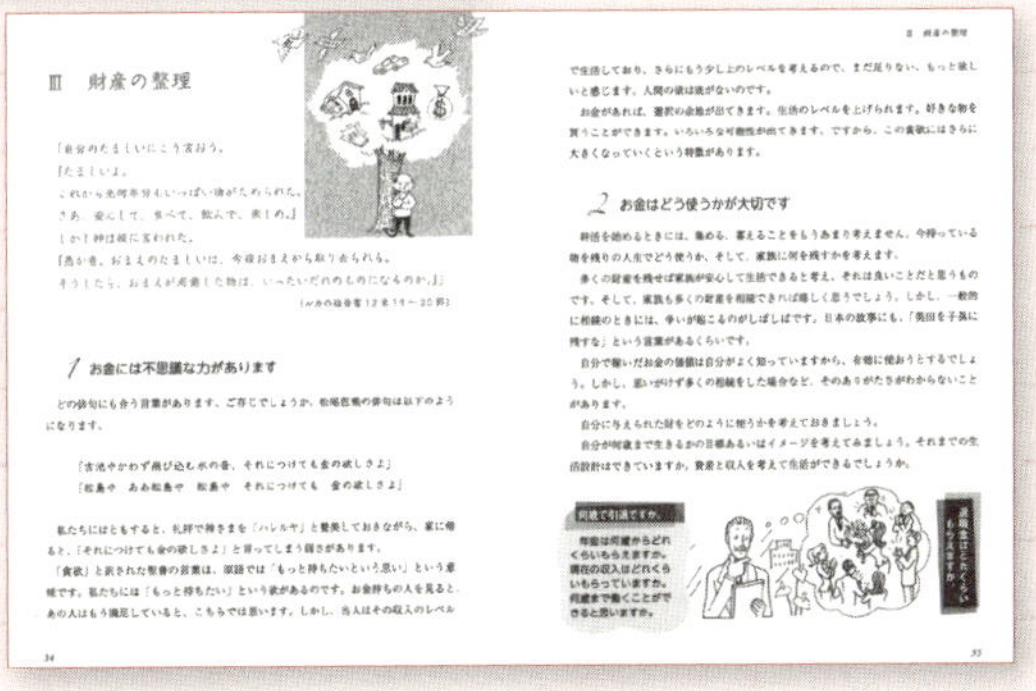

キリスト教の終活・エンディングノート

（水野　健 著）
B5変 112ページ
05280 ¥1,800＋税

＊関連記事81ページ

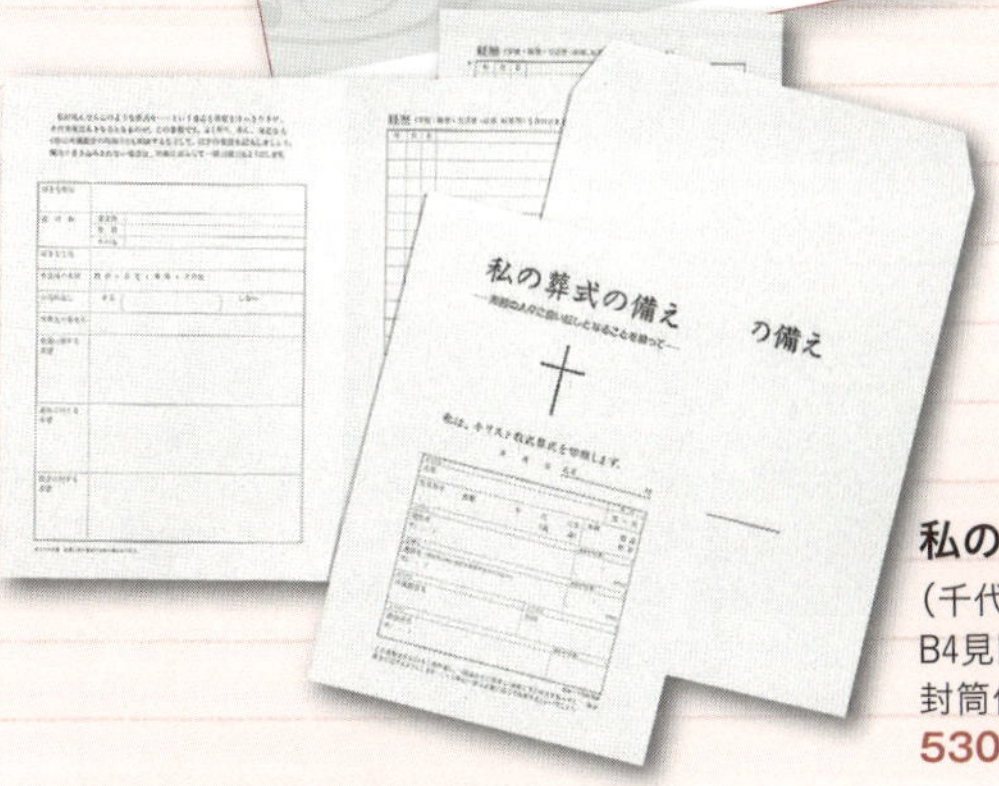

私の葬式の備え

（千代崎秀雄 監修）
B4見開き2部入り・
封筒付き
53070 ¥500＋税

DVD
葬儀と日本の宗教行事

葬儀46分／
日本の宗教行事37分
49862 個人観賞用
¥4,800＋税
49863 教会・団体用
¥9,800＋税

弔事用プログラム用紙（50枚入り）

A4判／ヨハネ11:25聖句入り、リソグラフ等の簡易印刷機対応　各¥1,000＋税

A 53022

B 53023

C 53003

D 53004

E 53008

F 53041

聖書の民は古来、愛する人々の亡骸を丁重に葬ってきました。また、しばしば信仰の記念塚を築き、その信仰にふさわしいことばを刻んできました。それは遺族にとって故人を偲ぶよすがであり、後世の人たちに遺す信仰の証しでもあります。聖書のことば、賛美の歌詞の一節、信仰の告白……そこには、まさにキリストにある信仰を生きた足跡が刻まれるのです。

十字架を通って「天にあるふるさと」に行ける、という意匠。

西洋墓地に見られる、地面に埋め込むプレートタイプの墓碑。ヨブ記1章21節の言葉が刻まれている。

「シャローム」のヘブライ語表記。

聖書に出てくる言葉やキリスト教信仰の中心思想をひとことの単語表現で刻んだ墓碑。

協力：ラザロ霊園・（有）ラザロ企画

信仰のことばを墓石に刻む

創世記の「ノアの方舟」をかたどって造られた家族墓碑。鳩や虹がモチーフとして描かれている。

墓石に別の色の石を埋め込む象嵌加工の手法で花やぶどう、虹など様々なデザインを施すことにより、明るいイメージを表現できる。

教会のテーマや愛唱の聖句・讃美歌の題名を刻む。故人の直筆を生かしたものも。

記念会・墓前礼拝

日本の習慣において三回忌、七回忌など定められた年に行われる年忌法要は、家族・親族を中心とした儀礼行事として重視されています。その趣旨・目的は死者・祖先に対する追善供養とされていますが、本来の仏教の供養が仏や菩薩に供物（香・華・燈明・飲食物など）をささげることを意味していたのに対し、日本で一般的に行われている習慣としての供養は、祖先崇拝を基盤とした民間信仰の影響を受け、故人の冥福を祈念して営まれる法要（仏事・法事）のイメージが定着しているようです。

聖書には、故人の冥福を祈ったり、死者の霊を慰めたりする発想は見られません。「先祖」にはたびたび言及されていますが、先祖が礼拝の対象とされたり、死者に対する祭儀が行われたりした記録は全くありません。「先祖の神」「父祖の神」という表現が示すように、過去に与えられた神との契約を再確認したり、出エジプトの故事などのように神が先祖たちにされたみわざや恵みを想起したりする記念行事が行われてきました。

キリスト教の伝統でも記念会はありますが、英語で「メモリアル・サービス」と表現されるように、葬儀同様その趣旨は神への礼拝です。故人のことを思い起こすとともに、故人を通してなされた神の恵みを覚えます。日本の教会での記念会は、教会員の合同で行われることが多く、イースターの日曜日に墓前礼拝をしたり（キリスト復活の出来事にちなんで早朝など）、日本の社会習慣に文脈化して彼岸に近い時期に記念会をしたりする例もあります。また、法事には親族が集まる日本の儀礼習慣を活用し、教会の納骨堂に小集会室を併設したり、会食ができる部屋を設けたりして、親族単位の記念会を奨励する教会もあります。クリスチャンでない人が抵抗なく教会に足を運び、聖書のメッセージに耳を傾ける機会として用いられているということです。

さらに、プロテスタントの伝統にはなかった祭壇を見直す動きもあります。偶像礼拝を廃し拝礼の対象になる物を避けてきたプロテスタントでは、仏壇のように死者を拝むことを警戒して、祭壇を置きそこに故人の写真を飾るようなことを一般に否定的に見てきました。しかし、異教的文化に対決する宣教アプローチの限界への反省もあり、日本人の精神性に馴染むかたちを模索する試みとして家庭祭壇をとらえ直す意見も出てきています。シンクレティズム（混淆）に陥らずに新たな福音の文脈化が可能なのか、思慮深い適用が問われるでしょう。

コラム Q&A こんなとき、どうすれば？

**Q1 自分は洗礼を受けているが、
家族はクリスチャンではない。**

A 家族の中でただひとり、自分だけがクリスチャンというケースでは、日ごろから遺志を家族に伝えておかないと、家族はどうしてよいかわからずに仏式で葬式をすませてしまった、というようなことがあります。所属教会の牧師に同席してもらって、自分の葬儀をどうしてほしいか家族と話す機会を元気なうちに設けておくという方法があります。家族と牧師に面識があれば、いざというとき牧師に連絡がとりやすいものです。従来の法定遺言書ではカバーしきれなかったような、葬儀をめぐる細々した希望などを遺族に伝えるために、「エンディングノート」を作っておくことも提唱されています。（関係記事P83～85）

**Q2 長く教会を離れていたので、
葬儀を頼める教会がわからない。**

A 転居や転勤などで教会籍のある母教会と疎遠になってしまっている、最近は決まった教会に通っていなかった、などの事情で、自分がいざという時に葬儀を頼める教会がわからないというケースが少なくありません。そんな時は、キリスト教専門の葬儀社に相談してみるのもひとつの方法です。葬儀社は地域ごとに付き合いのある教会を把握していますから、葬儀社から教会に、教会員以外でも葬儀を引き受けてくれるかどうか打診してもらうことができます。また、母教会とのパイプがある場合には、母教会から最寄りの教会を紹介してもらうことも考えられます。

**Q3 近所の教会は信者でなくても
葬儀をしてくれますか？**

**Q4 故人はクリスチャンではないが、
キリスト教葬儀を望んでいた。**

A（3・4） キリスト信者でない人の葬儀を教会でするかどうかは、教派や教会によって考え方に違いがあります。キリスト教葬儀には、イエス・キリストを通しての神に対する礼拝という面がありますから、キリストに対する信仰を持たなかった人の葬儀を教会ですることは無意味だと考える牧師もいます。しかし、聖書の神は天地万物を治めている方なので、生活のすべての領域にその支配は及ぶととらえ、地域社会の生活儀礼に積極的に関与しようと考える牧師もいます。まず、牧師に電話か面談で聞いてみることです。最近はホームページを開いている教会も多く、そこに結婚式や葬儀について記載されている場合もあります。また、メールでの問い合わせフォームがある場合には、メールで問い合わせることもできます。急に葬儀の必要が生じた時は、キリスト教葬儀を扱っている葬儀社を通して受け入れ可能な教会を探してもらうのが近道かもしれません。

墓地・埋葬をめぐる法律問題

1　現代日本の埋葬事情

「墓地、埋葬等に関する法律（墓埋法）」では、「死体の葬り」の方法として①土中に葬る「埋葬《まいそう》」（いわゆる「土《ど》葬《そう》」）と②火で焼いて葬る「火葬《かそう》」の二種が定められています。別に、「船員法」で、公海を航行中の船舶内での死者の死体を海中に投じて葬る「水葬《すいそう》」が定められています。

現在の日本では、「埋葬」の許可は特別の例外であり、「水葬」もほとんど例がありませんから、「火葬のみ」と言っても差し支えありません。

ただ、日本の「火葬」は、死体を完全に焼却する諸外国の火葬とは異なり、「お骨信仰」の慣習が基礎にあり、熟練された特殊な技能的手法で骨のみを残して焼く方式がとられています。そのため、その残骨（これを「焼骨《しょうこつ》」といいます）の処理が問題となっています。

概して、東日本では、焼骨のすべてを瓶に収める全骨収瓶が、西日本では、主な部位の焼骨のみを収める部分収骨が慣習とされており、当然、東日本の骨壺は大きく、西日本の骨壺は小さなものとなっています。「喉仏」のみを収骨する地方もあります。

法律上、「火葬」によって「死体の葬り」は完了しているはずですが、葬儀業者および一般国民の間では、焼骨の墳墓への「埋蔵」をもって完了するという意識が強く、収骨を希望しない者と時にトラブルが生じています。

そのため、一般に、「焼骨」が「遺骨《いこつ》」と呼ばれ、「焼骨の埋蔵《まいぞう》」が「埋葬」と言われています。最高裁も、「焼骨のうち収骨したものが遺骨に当たる」としていますが、このような慣習を踏まえての判断でしょう。

2　墓地に関する法律

墓埋法上、「死体の埋葬」や「焼骨の埋蔵」を行う施設を「墳墓《ふんぼ》」といい、墳墓を設置する土地の区域として都道府県知事（市長・特別区長）の許可を受けた区域を「墓地《ぼち》」といいます（「霊園」「墓苑」などと呼ばれています）。

一般に「墓地の売買」や「うちの墓地」などと言われているのは、「墓地の区画」のことで、通例「墓地」のことではありません。

カトリック教会や正教会など、独自の墓地を所有する教会もありますが、たいていの日本の教会で「教会の墓地」と言われているものは、この「墳墓」のことです。

なお、墓埋法には「墓地の許可」に関する手続き規定は置かれていません。「墓地経営の許可」を「墓地の許可」とされていますが、「経営しない墓地」「自家の墓地」「教会（寺院）の墓地」に適用するには無理があります。

地方分権に関する法律改正によって、「墓地の許可」権限が市長（特別区長）に移管されたため、現在では、各地バラバラの条例が制定され、地元優先や自市の権利保護が強い規定となっており、全国的な視野での行政が欠けているように思われます。

3 焼骨の保管

他人の委託を受けて焼骨を収めるための施設を「納骨《のうこつ》堂《どう》」といいます。「納骨堂」のような外観の施設であっても、「自分の焼骨を納める」ものであれば「墳墓」ということになります。納骨堂に焼骨を保管することを「収蔵《しゅうぞう》」といい、「納骨堂の経営」には都道府県知事（市長・特別区長）の許可が必要とされています。

「死体の埋葬」「焼骨の埋蔵」は「墓地」以外の区域に行ってはなりませんが、「焼骨の保管」には制限がありませんから、自宅の居間に置いておくことも、自宅に別に作られた祠堂に納めておくことも可能です。ただし、自宅の庭や山林など、「墓地」でないところに「埋蔵」することはできません。

また、「他人の焼骨を預かる」ことは「他人の委託を受けて焼骨を収蔵する」ことになり、「納骨堂」でなければなりません。

外見は納骨堂のような施設でも、各区画に個別の使用権を設定し、各権利者が「自己の焼骨」を収めるものなら、「納骨堂」ではなく、「墳墓」ということになります（東京都営霊園では「立体墓地」と呼ばれています）。

逆に、墳墓のような施設でも、「他人の委託を受けて」焼骨を納める施設であれば、「納骨堂」ということになります。

日本の教会で「教会墓地」と呼ばれているものは「墓地」ではなく、「墳墓」ですが、「他人の委託を受けて」焼骨を収める施設であれば、それは「納骨堂」というべきでしょう（「立体墓地」に対して「平面納骨堂」ということになるでしょうか）。

ただし、教会が、教会の構成員である教会員の焼骨を収めることは「他人の委託」ではなく「自己の行為」であるとすれば、「納骨堂」にはあたらないことになります。それは、通常の「納骨堂」についても同様です。

教会の構成員である教会員が自分や家族の焼骨を教会に保管してもらうのは教会員の権利であり、教会員から焼骨の保管を委託された教会にはそうする義務があるからです。

教会員が焼骨の所有権を放棄するか教会に譲渡すれば、「他人の焼骨」ではなくなりますから、「納骨堂」には当たらないことになります。

「教会の墳墓」において「地に還す」の象徴として、「焼骨」を「骨壺」から出して、一括して葬る（地に還す）形式の施設（合葬）であれば、その時点で焼骨の所有権を放棄しているか教会に譲渡しているとみられますから、「納骨堂」には当たりません。

また、その「一括した焼骨」を教会堂で保管するということなら、「墳墓」でも「納骨堂」でもないことになります。

条例で禁止されていない限り、教会の敷地内の一定の区画に「散骨」する施設は、「墳墓」ではないことになると考えられます。

4 散骨の是非・可能性

米国の火葬は完全焼却なので、火葬後に残るのは「焼骨」はなく、「遺灰《いはい》」のみです。たとえばカリフォルニアでは火葬が普及しており、「散灰（Ash Scattering）」が法律で認められています。その方法は、海岸から一定の距離を経た海中に籠に入れた遺灰を静かに沈めることです。

日本でも、「焼骨」を粉末状にしたうえ（粉骨）、衛生上の問題と国民の宗教感情を顧慮したうえで「散骨《さんこつ》」することは可能とされています。ただ日本では、「散骨」と呼ばれることから、あたかも焼骨そのものを散撒くように錯覚され、各地で反対が起こっています。

公海上（海中）での「散灰」であれば、もともと「水葬」が認められていることもあって、問題がないように思われます。海上での散灰が法律上認められているカリフォルニアの例もそのことを傍証しています。

近年、日本でひろまっている「樹木葬《じゅもくそう》」も、一定の土地の区域（山林、庭園など）内であればどこでも粉骨を撒くことができるとするものなら、「散灰」の一種と考えられます。

もっとも、実際の樹木葬霊園の多くでは、各人の散灰区画が定められており、「樹木」が「墓石」の代わりを為しているようになっていますから、その一帯が「墓地」であり、各区画が「墳墓」ということになります。

「墓地」として経営許可を受けている場合は問題ありませんが、そうでない場合、「散骨」「散灰」について、都道府県・市町村の条例によって禁止・制限されている場合もありますから、注意が必要です。

（櫻井圀郎）

コラム

教会墓地の名義の落とし穴

「日本伝道に、お墓は欠かせない」と言われ、多くの教会で「教会墓地」を取得し、教会案内にも「当教会の墓地」と紹介されています。「教会墓地」と言われていますが、多くは「教会の所有」でもなく、「墓地」でもありません。宗教法人の経営する「霊園」「墓苑」（これが法律上の「墓地」です）の「一区画（または数区画）」の使用権（永続性・永久性を原則としており、「永代使用権」と呼ばれています）を取得し、「墓石」を立て、「焼骨の埋蔵」ができるようにした「墳墓」です。

教会で「お墓」を持とうとしても、先祖供養のための墓地は、代々供養ができる個人を対象に提供されていて、法人名義（特に教会名義）では取得できないのが一般的です。そこで、斡旋業者や仲介業者のアドバイスを受け、教会で使う墳墓を牧師の個人名義で契約するというケースが多々あります（そもそも個人の墳墓に多くの他人の焼骨を埋蔵することが問題ですが、その点には触れません）。その場合、牧師の交代（転任、就任、辞任、解任、死亡など）があると大きな問題に発展するおそれがあります。

第一に、前任の牧師が権利譲渡の手続きを拒むということが考えられます。第二に、前任者が印鑑証明書や権利譲渡書を準備したとしても、墓地経営者が永代使用権の譲渡手続きを拒むことが考えられます。というのも、お墓は子々孫々代々にわたって供養していくものなので、他人に譲渡するということはありえないと考えられているからです。

第三に、お墓は「イエ」制度を根底にした先祖供養の施設として理解されており、姓が異なる者には、たとえ実子でも譲渡できないとされているところもあります。結婚、養子縁組、改氏などで姓が変わった場合には、イエの承継者とは認められないのです。第四に、譲渡できない場合、埋蔵焼骨および墓石を撤去し、墓地区画の返還を求められることがあります。お墓は供養承継者がいない場合には、墓地区画を更地に戻し、焼骨は合葬供養するという定めになっているところが多いからです。

（櫻井圀郎）

コラム

クリスチャンと埋葬・火葬・散骨

「葬」という漢字は、「死体の上下を草で覆う」という意味であり、敬意を払った死体の処理をさしています。欧米の教会では、「復活の際の身体」が必要だとして「埋葬（土葬）」を原則としてきました。同様の信仰は、古来、世界各地にあります（日本でも、中国でも）。しかし、朽ち果てた肉体では「復活の身体」にふさわしいとは思われません。聖書的には「朽ちない、新しい身体」を得ての復活ですから、「古い身体」にこだわる必要はないでしょう。土葬には多くの土地が必要で、衛生上の問題もあり、世界的にも減少傾向にあります。

死体を「火葬」することは、生体との類比で、「熱い」「苦痛」とイメージされ、世界各地で拒まれてきた歴史があります。日本では、例外的に許可される埋葬を除き、すべて火葬です。しかし現在では、衛生上の問題と、施設が整備されたことから、欧米を含め、世界的に拡がっています。

東洋的には、火葬は、火で焼いて煙にして天に昇らせることを意味し、旧約聖書の全焼の生贄や密教の護摩（「ホーマ」という火の神に由来）などと同様、好ましいことでした。ただ費用がかかるので庶民には手が出ませんでした（土葬なら貧しくても可能なので）。現在とは事情が逆です。

死者の肉体を自然に還すという考えから、自然に朽ちるに任せる「風葬」、鳥獣に与えて新たな命として活かす「鳥葬」「獣葬」、海に朽ちさせ、魚に食させる「水葬」なども一つの形態です。日本の法律でも、一定の場合には、公海上の船舶内での死者を水葬に付するものと定めています。

近年、世界的に「散骨」「散灰」が流行しています。「散骨」というと誤解されがちですが、焼骨を粉々にした「粉骨」や「遺灰」を、海、川、山、野原などに散らすものです。「樹木葬」や「宇宙葬」というのもその一種です。焼骨を混ぜたペンダントを作って身に着ける「遺骨ペンダント」も、広い意味で、その一類型でしょう。

欧米では散骨を法制化している国がありますし、日本でも、法務省と厚生省が「犯罪でない」「違法ではない」という通達を出していますが、最近では多くの市町村が、独自の条例で禁止や制限をしています。（櫻井圀郎）

死への備え篇

郵便はがき

恐縮ですが 切手を おはりください

164-0001

東京都中野区中野2-1-5
いのちのことば社
出版事業部行

ホームページアドレス　http://www.wlpm.or.jp/

お名前	フリガナ	性別	年齢	ご職業
		男・女		
ご住所	〒	Tel.　(　　)		

所属(教団)教会名	牧師　伝道師　役員 神学生　CS教師　信徒　求道中 その他 該当の欄を○で囲んで下さい。

アドレスをご登録下さい！

携帯電話 e-mail:

パソコン e-mail:

新刊・近刊予定、編集こぼれ話、担当者ひとりごとなど、耳より情報を随時メールマガジンでお送りいたします。お楽しみに！

ご記入いただきました情報は、貴重なご意見として、主に今後の出版計画の参考にさせていただきます。その他、「いのちのことば社個人情報保護方針（http://www.wlpm.or.jp/info/privacy/）」に基づく範囲内で、各案内の発送などに利用させていただくことがあります。

いのちのことば社＊愛読者カード

本書をお買い上げいただき、ありがとうございました。
今後の出版企画の参考にさせていただきますので、
お手数ですが、ご記入の上、ご投函をお願いいたします。

書名	

お買い上げの書店名

町
市　　　　　　　　　　書店

この本を何でお知りになりましたか。

1. 広告　いのちのことば、百万人の福音、クリスチャン新聞、成長、マナ、
信徒の友、キリスト新聞、その他（　　　　　　　　　　　）
2. 書店で見て　3. 小社ホームページを見て　4. 図書目録、パンフレットを見て
5. 人にすすめられて　6. 書評を見て（　　　　　　　　　　　）
7. プレゼントされた　8. その他（　　　　　　　　　　　）

この本についてのご感想。今後の小社出版物についてのご希望。

◆小社ホームページ、各種広告媒体などでご意見を匿名にて掲載させていただく場合がございます。

◆愛読者カードをお送り下さったことは（　ある　初めて　）
ご協力を感謝いたします。

デスエデュケーションとは?

死を意識して生きる伝統は古くから西洋にありましたが、縁起をかついで死を忌避する傾向のある日本では、「デスエデュケーション」という言葉が注目されるようになってきたのは一九八〇年代以降です。上智大学のアルフォンス・デーケン氏（イエズス会司祭）が「死への準備教育」と訳しましたが、そこには「死を見つめることは、生を最後までどう大切に生き抜くか、自分の生き方を問い直すこと」という視点が重視されています。死生学や自死遺族の援助に足跡を残したクリスチャン精神科医の平山正実氏も、「死を思い、死を体験することを通して、現在の生き方そのものを問い直し、より充実した生を送ることを目指す」と、やはり死だけではなく生きることの意味を学ぶことを強調しました。作家の三浦綾子さんは晩年よく、「私にはまだ死ぬという仕事が残っている」と言いました。いかに死ぬかは、いかに生きるかと密接に関係しているのです。

私たちの生涯はどうでしょうか。神さまがいつもいてくださったでしょうか。すべてを恵みに変えてくださったでしょうか。それらを心におさめて、心の整理をしたら、いかがでしょうか。」

◆リビングウィル――自分らしい最期を意思表示

「リビングウィル」とは、日本語に訳せば「生前意思」といった意味で、死期が近づいたとき自分がどのような最期を迎えたいか、元気なうちに意思表示しておくことを意味します。高度先進医療によって、医学的に回復の見込みがないにもかかわらず人工呼吸器で体内に酸素を送り込み、人工的に栄養を摂取させることで生かし続けることができてしまう状況が生まれてくるとともに、これらの延命措置を望まない場合、その意思表示をしておかないと、ひとたび付けた生命維持装置を医師が外しにくい、家族が大きな選択の決定を迫られて悩むなどの問題が浮上してきました。そうしたことを防ぐために、「尊厳死の宣言書」や「意思証明書」を発行して本人や家族、団体が保管し、混乱を避けようとする会員制などの支援体制が作られています。次の諸団体などで詳しい情報が得られます。

●一般財団法人　日本尊厳死協会　TEL.03-3818-6563
〒113-0033 東京都文京区本郷 2-27-8　太陽館ビル 501
URL http://www.songenshi-kyokai.com/

●特定非営利活動法人　日本リビングウィル協会　TEL.03-6279-6610
〒101-0032 東京都千代田区岩本町 1-2-11　渡東ビルディングアネックス 207
URL http://livingwill.jp/

◆献体

医学・歯学の発展や医師の育成のため、遺体を解剖のために提供する「篤志献体」をするクリスチャンも少なくありません。各大学の医・歯学部と連携して、次の諸団体で登録手続きなどの情報を提供しています。

●白菊会　問い合わせ窓口は各大学に。

●公益財団法人　不老会　TEL/FAX.052-203-4580
〒460-0008　名古屋市中区栄 2-10-19 名古屋商工会議所ビル 6 階
URL http://furo-kai.or.jp/

エンディングノート／リビングウィル／献体

◆エンディングノートを書いておこう

「終活」への関心の高まりとともに、自分の最期についての希望や家族に言い遺しておきたい言葉を元気なうちに書き記す「エンディングノート」が注目されるようになってきました。書店に行くと様々な書式のエンディングノートがその解説と組み合わせて売られており、キリスト教書店にはクリスチャン向けのエンディングノートもあります（65ページに掲載）。

法的に有効な「遺言」には、書ける内容が遺産相続についてなど限られているのに対し、「エンディングノート」には、家族に遺したい言葉、自分の葬儀や埋葬についての希望、持ち物の遺贈先など、幅広く自由に書くことができます。

ある教会では、原則として教会員全員が毎年、新年に「エンディングノート」を新しく書き換えることを奨励しています。自分の生が神様に与えられたものであることを意識し、神様がそのご計画に従って天に召されるという、自分が死ぬ存在である自覚を持って新しい一年を過ごすためだといいます。

死を覚えて生きることによって、与えられた日々を感謝しながら充実した毎日を送ることができるようになったと、実際にエンディングノートを体験した教会員たちは言います。毎年書くのは義務ではありませんが、年を追うごとに気持ちの変化や環境の変化もあるので、年初に書き換えるのを促すことで気持ちを新たにする効果もあるようです。

教会がエンディングノートを主導することによって、家族の中で自分だけがクリスチャンというような家庭環境の人が、本人は教会での葬儀を望んでいたのに、家族の無理解から仏式で葬儀を済まされてしまう、といったことを防ぐことも期待されます。

『キリスト教の終活・エンディングノート』（水野健著、いのちのことば社）で著者は、クリスチャンとしてエンディングノートを書く意義について、物の整理とともに心の整理の必要性を指摘し、人生を振り返り神の恵みを見いだすこと、自分の死から目をそむけないで見つめてみることを勧めています。そして「詩篇の記者がしたこと」という項で、詩篇77篇5－6、11－12節を引用し、次のように記しています。

「聖書の記者は昔のことを思い返しました。自分の心と語り合い、問いかけました。つらいことを、苦しいことを思い出しました。神さまの恵みがあったことを疑いもしました。しかし最後には、その奇しいみわざに心を留め、すべてが神さまの御手の中にあったことに思いを巡らし、心に平安を得ています。

死を覚えて生きる知恵

旧約聖書の伝道者の書

では、「神を恐れる」と表現される生き方こそが幸福であると示されています。それこそが、富と権力と知恵という偶像への崇拝から自由であり、かつ神がこの世界を治めるその治め方に適応した生き方です。特に9章以降には、この「神を恐れる」生き方が具体的にどのようなものであるのかが提示されています。

*

具体的な生き方を提示する際に、伝道者（コヘレト）はそれを人の死と関わらせ、考察しています。死は神が人に与えておられるものの中で、人に限界を与える最たるものです。死が人に関する記憶の健忘症を生み出し、所有物に関するあらゆる自由を奪い取り、だれひとりとしてこの時を逃れることができないからです。

9章1節から6節で、死の二つの特徴が挙げられています。死の一つ目の特徴は「すべての違いを奪い取る」ことです。

> というのは、私はこのいっさいを心に留め、正しい人も、知恵のある者も、彼らの働きも、神の御手の中にあることを確かめたからである。彼らの前にあるすべてのものが愛であるか、憎しみであるか、人にはわからない。
> すべての事はすべての人に同じように起こる。同じ結末が、正しい人にも、汚れた人にも、いけにえをささげる人にも、いけにえをささげない人にも来る。善人にも、罪人にも同様である。誓う者にも、誓うのを恐れる者にも同様である。（1―2節）

神の前に喜ばれる生き方の人にも、神を恐れず傍若無人に生きてきた人にも死は臨み、その人の行動に現れている人格の違いは奪い取られます。人と獣の境目が、死の現実によってなくなったように（3・18―21節）、死という観点で考えると、すべての人は同じです。そして、これこそが、神がすべての人（正しい人にも悪しき人にも）に備えている正しいさばきなのです。

しかし、死にはもう一つの特徴があります。それは「死は生きている者と死んだ者とに分ける」ことです。生きている者と死んだ者とは、明確に異なっている点があります。

すべて生きている者に連なっている者には希望がある。生きている犬は死んだ獅子にまさるからである。生きている者は自分が死ぬことを知っているが、死んだ者は何も知らない。彼らにはもはや何の報いもなく、彼らの呼び名も忘れられる。（4—5節）

コヘレトは生きていることの価値を語っています。すばらしい存在（獅子＝ライオン）でも死ねば、忌み嫌われつつも生きている存在（犬）よりも劣っている、と。生きている者は、自分が死ぬべきことを知っている。だから、生きている者には希望がある。自分はやがて死ぬという知識の分だけ、生きている人は死んだ人よりまさっている、というのです。

「死ぬことを知っていることは大きな優越点である」というコヘレトの奇妙な主張も、何ら不思議に思えるわけではありません。死がすべての違いを奪い取るとしても、死は生きている人と死んだ人の違いを奪い取ることはできないのです。「自らがやがて死ぬ」という貴重な知識に則って人生を考える、つまり「墓場から人生を考える」とき、生きている者は希望を持つことができる――実に逆説的な真理です。

神を恐れ、自分の来るべき死の現実を覚えて生きるとは、具体的にはどういうことでしょうか。三つの箇所に焦点を当てて、まとめておきます。

①死を覚えて、今を生きる（9章7―10節）

まずコヘレトは、飲み、食べること、祝宴の機会があれば、それを逸することなく、かつ継続的にその時を持つように勧めています。

> さあ、喜んであなたのパンを食べ、
> 愉快にあなたのぶどう酒を飲め。
> 神はすでにあなたの行いを喜んでおられる。
> いつもあなたは白い着物を着、
> 頭には油を絶やしてはならない。（7―8節）

今、飲食の機会が与えられているということは、神からもうすでに喜ばれている証拠です。富は与えられたが、それを楽しむことが許されなかった、「神に嫌われた人」ではありません。この神の好意がいつ取り去られるかわからない現実があるからこそ、一時たりとも無駄にしてはならないのです。

> 日の下であなたに与えられたむなしい一生の間に、
> あなたの愛する妻と生活を楽しむがよい。それが、
> 生きている間に、日の下であなたがする労苦による
> あなたの受ける分である。（9節）

今、生きている間のこの時期は「空である日々」であり、いつ終わってもおかしくない、短い地上での生涯です。ですから、「ふたりはひとりにまさる」（4章9節）ことを受けて「愛する妻と」共に生きるように勧めています。神から与えられた喜びを大切にせよ、という訴えが強調されています。

だからこそ、今、自分の手もとにあるものに取り組み、機会を逃さないように勧めているのです。

> あなたの手もとにあるなすべきことはみな、自分の
> 力でしなさい。あなたが行こうとしているよみに
> は、働きも企ても知識も知恵もないからだ。（10節）

ここにも死の臨場感があふれています。次の瞬間に死が襲いかかる可能性が否定できないからこそ、緊迫感を持ちつつ、今この時に与えられ、自らの手で取り組むことが可能なことは、すべて行うようにと求められています。

いつ死ぬかわからないが、必ず死ぬことはわかっています。だからこそ、神が今あなたに与えている賜物――喜び、祝宴、家族――を無駄にするな、それを味わい楽しみなさい、とコヘレトは訴えているのです。将来を予測できない世界、そして死を避けることができない世界だからこそ、この現実に適応するために「今を生きよ」、「時を生かせ」と。

② 思慮深く、気前よく生きる

あなたのパンを水の上に投げよ。
ずっと後の日になって、
あなたはそれを見いだそう。
あなたの受ける分を七人か八人に分けておけ。
地上でどんなわざわいが起こるか
あなたは知らないのだから。（11章1―2節）

通常なら無駄に思える行動、大損覚悟の行動を勧めています。「パン」は喜びの機会（9章7節）そのものを指しています。神から喜びの機会が与えられたなら、それを独占するのではなく、たとえ無駄と思えてもその機会をまわりの人々に分け与えよ、とコヘレトは命じています。より多くの人が飲食という喜びの機会を得ることができるようにせよ、との勧めです。

これは将来、今度は他の人から自分がパンを与えられる期待を込めての行動でもあります。他者に与えるならば、いざというときに、神の賜物が予想外の人から届けられるかもしれない――確実性ではなく、可能性にかけた選択です。将来がわからないからこそ、可能性にかけることは大切です。

「分け前（受ける分）」も、飲食という喜びの機会と密接に結びついています。ここでも、できる限り多くの人々に、慈善行為と思われるほど広い範囲の人々に分け与えるように勧めています。その動機は、「地上でどんなわざわいが起こるかあなたは知らないのだから」、つまり、将来に対する無知です。

どちらの命令も、将来が不確かな世界であることを前提とし、そこでいかに生きるのかに関するアドバイスです。永続する儲けを求めた考えではなく、神の賜物である飲食の機会という喜びが、つまり「幸福」が少しでも自分のところに届きやすいようにと願っての行動指針です。ここでは、将来に関する自らの無知を知り（思慮深く）、人に喜んで分け与える（気前のよい）生き方が勧められています。これは、家族のみならず、それを超えた、共同体としての生き方の勧めと見ることもできます。

一見、相反するように思えるアドバイスが続きます。

雲が雨で満ちると、それは地上に降り注ぐ。
木が南風や北風で倒されると、
その木は倒された場所にそのままある。
風を警戒している人は種を蒔かない。
雲を見ている者は刈り入れをしない。（3―4節）

3節は、自然現象に存在する何らかの因果関係を述べており、それがわかれば、これから起こることの予測が可能であることを示唆しています。ところが4節は、因果関係がわかっているからといって、その知見に基づいて行動をするタイミングを狙っていたら、いつまでたっても行動に移せないことへの警鐘です。

何らかの結果を生み出したければ、積極的に行動に移すことが必要となります。あらゆることを把握することは不可能であるからこそ、最善と思えなくても、危険を冒し、行動を起こすことが大切です。

③ 死を見据えて神の賜物に生きる

コヘレトの最後のアドバイス（11章7節―12章7節）では、まず、「太陽を見る」ことのすばらしさが訴えられています。

光は快い。太陽を見ることは目のために良い。人は長年生きて、ずっと楽しむがよい。だが、やみの日も数多くあることを忘れてはならない。すべて起こることはみな、むなしい（空である）。（7―8節）

「光」や「太陽」は生きていることを表しており、「やみの日」はたいへんな損失や死同然の状況を表しています。人間の可能性と危険性の両方、神の賜物を喜ぶ可能性と、そのような神の賜物を全く経験できない危険の両方を承知の上で、長い年月を楽しむことが勧められています。短く、すぐに暗転する可能性がある人生において、今、神から与えられている可能性を生かすように勧められているのです。光の日が与えられているならそれを捕らえよ、と。

満足も喜びもないこの世界の現状を知りつつ、喜びと楽しみに生きることが命じられています。「しかし、これらすべての事において、あなたは神のさばきを受けることを知っておけ」（9節）とは、「楽しんで生きるのはいいが、楽しみすぎたときには神からの厳粛なさばきを受ける」というよりも、神の賜物である喜びと楽しみを有効に用いないで無駄にしてしまった人に対する神の正しい取り扱いを意味しています。楽しむ機会を逸してしまったことそのものが罰であり、死によって喜び楽しむ機会を奪いさられたことが罰なのです。飲食に表されている喜びの機会という、神の賜物をどのように用いてきたかの総決算をされるのが死だからです。

コヘレトが避けるようにと勧めているいらだちや不快なもの（10節「あなたの心から悲しみ〔いらだち〕を除き、あなたの肉体から痛み〔不快なもの〕を取り去れ」）は、どちらも喜びを妨げるものです。「若さも、青春も、むなしい（空である）から」、つまり若い時の短さのゆえに、喜びを妨げるものを取り除き、神から与えられた喜びの時を最大限に享受せよ、と訴えているのです。

もう一つの勧めは、世界に秩序を与え、それによって世界を統治している神を心に留めることです。

あなたの若い日に、あなたの創造者を覚えよ。（12章1節）

この世界を造り、喜びを賜物として私たちが驚くような時に与える、世界の統治者である創造者を心に留めるように訴えています。これは「神を恐れる」ことの言い換えではありません。ただし、「心を留める」は、知恵が持っている力の可能性を発揮するために必要な行動であり

（9章11—16節）、あらゆるものが忘れ去られる（1章11節）世界にあって、それにかろうじてでも対処する道です。

さらに、「創造者」という表現から、1章4—11節や3章1—8節に描かれている、被造物の中に見いだされる秩序が、この創造者によって生み出されたことも示唆されているでしょう。つまり、創造者を心に留め続けるならば、創造者が造られた世界の秩序に留意して、人の持つ限界を心に留めて生きるようになる——それこそが「幸福」なのです。

*

死の到来のゆえに、すべてが機能しなくなる。死とともに人は土に帰り、いのちの息である霊は神のもとに帰ります。死が来る。そしてすべてが終わりを告げる。神が与えているいのち、それが拓きうるチャンスが終わりを告げる。その前に神の賜物としての喜びを十分に味わえ。そのためにも、世界をそのように造り、秩序を与えた神を心に留め、まさにこの方を恐れよ——コヘレトは死の現実を直視した上で、今与えられている可能性を最大限に活用するように、青年たちに語っています。それはまさに、すべての終わりである死を経験し、二度と戻れない所に行ってしまった者として、墓場から若者たちに「今を生きる」ようにと訴えているのです。それこそが、幸福への道であると。

④ 偶像崇拝から解放されて神のかたちに生きる

死の現実の前で、人は死という対処のしようのない敵に直面します。しかし死は、人を権力、富、知恵という偶像から解放しうる力を持つのです。もし、観察と思索の手段としての知恵を用いるならば、墓場から人生を再検討することができます。

コヘレトは、だからこそ、神が与えている賜物を無駄にせず、それを味わい楽しむこと、思慮深く、気前よく、危険を恐れず、完璧を求めず、勇気をもって取り組むことを勧めました。神が与えてくれているチャンスが終わりを告げる前に、神の賜物を十分に味わうべきです。そのためにも、権力、富、知恵といった偶像から解放される必要があります。このようにして、死と、世界を統治している神が打ち立てている秩序から人生を再検討し、それにふさわしく生きることこそ、コヘレトにとっての「神を恐れる」生き方なのです。

「神を恐れること」、それは「この世界に秩序を与えている創造者を心に留めること」にほかなりません。

（鎌野直人）

遺産相続をめぐる法律問題

1 遺言の種類と効力

「遺言」には、(1)「普通方式」と(2)「特別方式」とがあります。

「特別方式」の遺言には、①死亡の危急に迫った場合の「危急時遺言」、②伝染病のために隔離された場合の「隔離者遺言」、③船舶に乗船中の「在船者遺言」、④船舶が遭難し死亡の危急に迫った場合の「船舶遭難者遺言」の4種があります。

特別方式の遺言は、特別な事情がある場合の方式なので、その効力も、その事情がなくなってから六ヶ月以内に死亡した場合に限られ、六ヶ月を経過すると無効になります。

「普通方式」の遺言には、①「自筆証書遺言」、②「公正証書遺言」、③「秘密証書遺言」の三種があります。

「公正証書遺言」と「秘密証書遺言」は、二人以上の証人と共に公証人役場に出頭しなければならず、公証人の手数料の外、戸籍謄本や登記簿謄本、本人と証人の印鑑証明書などが必要になり、証人を依頼する費用もかかり、手続きが大変です。

巷《ちまた》で言われているように、公正証書遺言が「一番効力がある」ということはなく、普通方式であれ、特別方式であれ、公正証書遺言であれ、自筆証書遺言であれ、「遺言」であれば、すべて同じ効力です。

また、「遺言は一度作ったら変更できない」とか、「遺言は一回に限る」などと誤解されていますが、そんなことはありません。いつでも変更可能ですし、複数の遺言をすることも可能です。

遺言とは、基本的に「死者の最終意思」ですから、最後に書かれた遺言が最優先で適用され、それに抵触しない限りで前の遺言も順次適用されることになります。そのため、遺言に書かれた「日付」がきわめて重要な意味を持っています。

2 自筆証書遺言

「自筆証書遺言」は、①「全文」と②「日付」と③「氏名」を④「自書」し（自分で書き）、⑤「押印」することによって成立します。この五ポイントさえ守れば、法的に有効となる、最も簡単な遺言の方式で、実用的であり有用なので、お勧めです。

自書でき押印できる材料なら、紙に限らず、木板でも、布でも、野菜や肉・皮でもかまいませんし、チラシの裏面に書いたものでも、新聞紙にサインペンで書いたものでも有効です。

場合によっては、自分の身体や着衣でも、部屋の壁や天井でもかまいませんし、『聖書』や『賛美歌』に書かれたものでも有効です。

注意しなければならないのは、「自書」が要件ですから、ワープロで作ったものは無効ですし、電子データとして作ることもできません。また、録音や録画によることもできません。もちろん、市販されている、印刷された「遺言書」の空欄を埋めて、署名押印しただけでは自筆証書遺言とは認められません。

遺言は十五歳になると単独で作成することができます。自分の死期はだれも知り得ないのですから、いざという時のために、死期を予感しなくても、常時、ことある度に遺言を作成し、常に最新の内容に更新しておくのが、自分の意思を遺族に反映させるという意味では最善でしょう。

3 遺言できる事項

法律上、遺言できる内容は決まっています。一般的には「財産」に関するものと考えておいてください。

自分の仕事の後継者、家族の結婚や就職、宗教や信仰に関することなどは遺言できません。自分の葬儀や遺体・遺骨・焼骨の処分（埋葬か火葬かの別、埋蔵や納骨の場所の指定など）は遺族の信仰に関することなので遺言できません。

このことを、生前に家族と合意の上で定める（生前契約）のは自由ですが、何らかの形で強制することになると「信教の自由」に抵触し、許されません。クリスチャンがノンクリスチャンの家族の要求に無碍《むげ》には従えないのと同様です。

4 遺産の献金

クリスチャンには、死後、自分の遺産は教会や伝道の働きのために献金したいという人も少なくないでしょう。

相続人でない者に遺産を譲る手続きには、死後、効力が生じる、①遺言による「遺贈《いぞう》」と、②生前の契約による「死因贈与《ぞうよ》」のほか、③生前に所有権が移転する「生前贈与」、④生前に所有権が移転しますが、死亡時までは無償で贈与者に使用させる「負担付贈与」などがあります。

ただ、家制度の伝統を有する日本の法律では、「家」を守るために相続人に一定の遺産相続が保障されていて、死者本人の意思といえども、自分の財産なのに、全財産を意のままに処分することが許されていません。

その最低保障のことを「遺留分《いりゅうぶん》」といいます。

「遺留分」は、基本的に、「家の承継」という点から考えられており、①それに最も理想的な「子（孫）」・「配偶者」が承継する場合は「全財産の二分の一」ですが、②「父母（祖父母）」の場合は「全財産の三分の一」となり、③「兄弟姉妹」となると「ゼロ」です。

5 墳墓等の相続

①先祖代々の血脈をしるした「系譜」、②聖壇・神棚・仏壇および礼拝・祈禱用の祈禱書・道具・備品などの「祭具」、③遺体を埋葬し、焼骨を埋蔵した「墳墓」については、他の財産に関する「遺産相続」とはまったく別の相続手続が定められています。

これらは「祭祀用財産」と呼ばれ、遺産相続とは別に、「祖先の祭司を主宰する者（祭祀主宰者）」に承継されることになっています。祭司主宰者は、①慣習によりますが、②死者が指定した者があるときはその者となり、③いずれも不明の場合には家庭裁判所が定めます。

なお、「祖先祭祀」とは、通常、「祖先崇拝」を意味しますから、クリスチャンとしては不適切です。「墳墓の維持管理」などと表した方が適切ではないかと思われます。

＊

旧約聖書以来、神の民も死体の葬りを行ってきましたが、それは「祖先祭祀」ということではなく、「神のかたち」に創造され、「人」として生きた故人の亡骸を「人の尊厳」をもって葬るということであったはずです。

（櫻井圀郎）

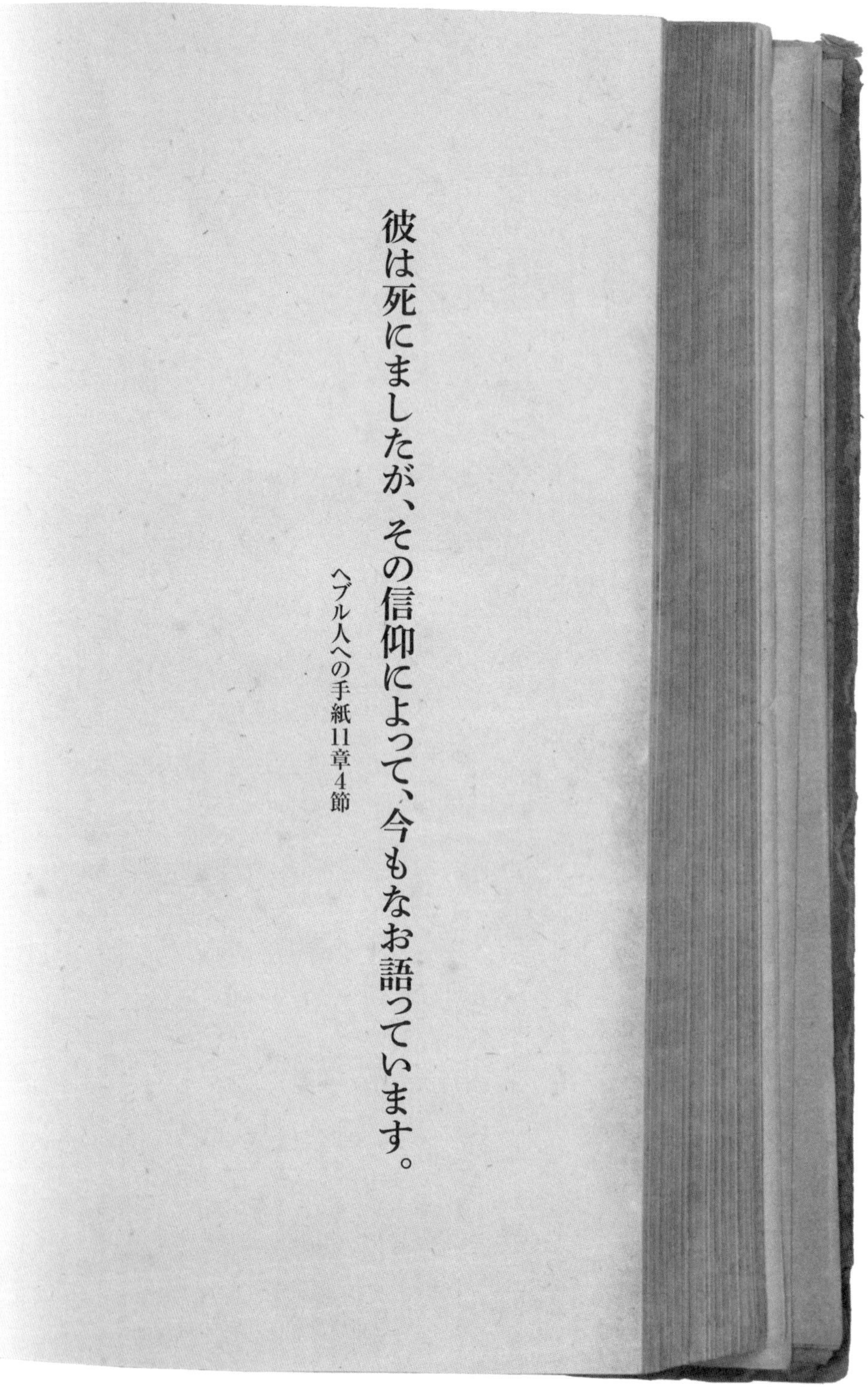

彼は死にましたが、その信仰によって、今もなお語っています。

ヘブル人への手紙11章4節

東京在住の信徒で会社経営者の佐藤丈史さんは、がんが再発・転移して体力が落ちてきたとき、入院先から外出許可を得てイースター礼拝に出席しました。そこで時間をもらい、人間の死とは何か、自分が聖書から教えられたことを率直に述べ、肉体はちりに帰ってもイエス・キリストと共にいる望みがあることを話しました。

葬儀では生前の本人の希望により、そのときの証しを含めた小冊子を印刷して参列者に配りました。もはや肉声を聞くことはできない中で、佐藤さんを生かした神の真実は、遺された文章を通して人々に鮮烈な印象を与えました。

その結びの言葉はこうです。

「私は、今、死を直前にしている者ですが、死に対する得体の知れない恐れや不安はありません。キリストにあって死ぬ者にとって、死はパラダイスへの出発です。強がりでも何でもありません。平安なのです。実は、まだ、やりたいことがたくさんあります。元気でいれば、まだ他の人のために役立つことができるかもしれません。みこころであれば、もっと教会のお役に立ちたいと思うのですが、聖書は『生まれるのに時があり、死ぬのに時がある』と言っています。私は近いうちにパラダイスへ行きます。その時がいつであるかは神がお決めになります。最後の息を引き取る時のことばは、神をあがめることば、主への感謝のことばの一言でありたいと願っています。」

（「百万人の福音」二〇一三年八月号に掲載の「佐藤丈史兄のあかし」より）

執筆者

児島 康夫　社会福祉法人 キングス・ガーデン埼玉理事

大和 昌平　東京基督教大学教授（実践神学・東洋思想）・神学部長
福音交友会派遣教師

堀　 肇　日本伝道福音教団鶴瀬めぐみキリスト教会牧師
聖学院大学大学院、ルーテル学院大学非常勤講師
臨床パストラルスーパーヴァイザー

原　 康裕　キリスト教専門葬儀社　株式会社 輝（かがやき）主任

櫻井 圀郎　宗教法および宗教経営研究所所長教授
「法と神学」のミニストリーズ代表、司法書士・行政書士
元東京基督教大学教授（組織神学・法学）
宗教法学会理事、東京都宗教連盟参与

鎌野 直人　関西聖書神学校学監
日本イエス・キリスト教団神戸中央教会協力牧師

執筆者名のない記事は、いのちのことば社出版部編

自分らしい葬儀【準備ガイド】

2015年12月15日　発行

編　　集　いのちのことば社出版部
印刷製本　モリモト印刷株式会社
発　　行　いのちのことば社
〒164-0001 東京都中野区中野2-1-5
電話 03-5341-6922（編集）
03-5341-6920（営業）
FAX03-5341-6921
e-mail:support@wlpm.or.jp
http://www.wlpm.or.jp/

ISBN 978-4-264-03452-0